CODE D'HONNEUR
DU SAMOURAÏ

THOMAS CLEARY

CODE D'HONNEUR DU SAMOURAÏ

Une traduction moderne du
Bushidô Shoshinshû de Taïra Shigésuké

Traduit de l'anglais par Silvain Chupin

ÉDITIONS DU
ROCHER
Jean-Paul Bertrand

Titre original : *Code of the Samourai. A Modern Translation of the Bushido Shoshinsu of Taira Shigesuke.*

ISBN 2 268 03849 1

INTRODUCTION

La culture japonaise est souvent regardée comme unique, tant par les visiteurs et observateurs étrangers que par les Japonais eux-mêmes. Cette spécificité est parfois imputée à la situation géographique du Japon, nation insulaire séparée de l'Asie continentale par des eaux d'un péril exceptionnel. On considère également que la politique de *sakoku*, ou « fermeture du pays », qui fut adoptée par les shôguns entre 1639 et 1854, favorisa l'insularité culturelle de ce pays. Cela permet, en outre, d'expliquer l'attitude particulière des Japonais à l'égard des étrangers.

Sous de nombreux rapports, que ce soit dans les relations familiales ou dans les relations sociales, une des plus récurrentes et persistantes influences de l'Histoire sur la culture et les mentalités – toujours perceptible aujourd'hui – fut l'extraordinaire longévité du pouvoir militaire au Japon. La mainmise des samouraïs comme classe dominante eut de profondes conséquences culturelles et psychologiques sur les Japonais. Celles-ci furent provoquées par les bouleversements sociaux que l'autorité militaire imposa sous la contrainte des événements, ainsi que par l'endoctrinement constant de la société que les gouvernements militaires promulguèrent *a posteriori* pour légitimer idéologiquement leur pouvoir.

La classe des samouraïs est, à l'origine, un rejeton ou une adaptation de l'aristocratie. D'une façon générale, une haute société polygame engendre plus d'enfants qu'elle n'en peut absorber à son niveau. En outre, la règle de primogéniture impose qu'un seul fils hérite de la totalité des privilèges de son père. Ces facteurs créèrent des pressions naturelles et sociales, qui contraignirent les collatéraux des hautes classes à diversifier leurs carrières.

Comme en Europe ou ailleurs, ces fils d'aristocrates déchus de l'état paternel choisissaient la carrière des armes ou entraient dans les ordres. Mais au Japon, ces deux spécialisations étaient conçues à l'origine pour la protection de l'État. Les guerriers furent d'abord appelés *samurai*, c'est-à-dire « serviteurs », parce qu'ils formaient la garde armée de l'aristocratie. Quand ils eurent finalement privé cette dernière des rênes du pouvoir, se constituant en classe indépendante, ils prirent le nom de *bushi*, ou « guerriers », moyen par lequel ils manifestaient leur dignité nouvelle et prenaient leurs distances avec l'étiquette de samouraïs « serviteurs ».

La prédominance de la classe guerrière fut annoncée par sa consolidation et sa montée en puissance au cours des générations de combats expansionnistes contre le peuple aïnou, qui occupait Honshû, l'île principale du Japon, avant que les Japonais ne vinssent s'y installer. Comparativement, les premiers habitants de Kyûshû – l'île méridionale qui semble avoir été la principale voie d'accès empruntée par les Sino-Coréens/Japonais lors de leur installation sur l'archipel japonais – avaient été décimés et absorbés assez rapidement. Sur Honshû, les Aïnous, peuple de chasseurs d'ours, opposèrent une résistance farouche à l'expansion japonaise pendant une période remarquablement longue. Les clans de guerriers japonais qui les combattaient et s'installèrent dans les marches orientales engendrèrent ainsi des lignées d'hommes rudes et valeureux.

Les Aïnous finirent par être repoussés dans Hokkaïdô, la grande île septentrionale, abandonnant aux clans guerriers un pouvoir réel dans la partie orientale du pays. Néanmoins, ceux-ci exerçaient encore ce pouvoir au nom du gouvernement central, à l'instar des guerriers des autres régions du Japon qui assuraient l'administration et maintenaient l'ordre dans les terres périphériques appartenant à une aristocratie de plus en plus urbaine. Une fois les Aïnous vaincus dans Honshû et un certain niveau de sûreté nationale atteint, les intérêts respectifs de la classe guerrière et de l'aristocratie se développèrent d'une manière encore plus divergente, la première s'occupant des affaires militaires et administratives tandis que la seconde se consacrait au développement culturel.

Avec le temps, les excès du sybaritisme de l'aristocratie, bien connus grâce aux parodies qui nous en sont parvenues, conduisirent à un certain degré de mollesse. Dans le même temps, les responsabilités des guerriers leur imposaient tant de sacrifices qu'ils réclamèrent, en compensation, une part plus grande des revenus des terres qu'ils administraient pour le compte de l'aristocratie urbaine. Ces circonstances aboutirent à la concession de terres aux clans guerriers comme forme la plus directe de partage des revenus. À terme, les terres et le pouvoir aux mains des clans guerriers dans toutes les provinces rendirent possible la constitution d'un gouvernement militaire national, opérant concurremment au gouvernement civil, lequel administrait toujours les biens impériaux et aristocratiques, mais plus puissant que ce dernier et capable de lui imposer son autorité.

Un premier gouvernement militaire, ou *bakufu*, c'est-à-dire « gouvernement sous la tente », fut instauré en 1186, à Kamakura, non loin de l'actuel Tôkyô, dans la moitié est du Japon. Trois « gouvernements sous la tente » se succédèrent à partir de cette date jusqu'en

1868, c'est-à-dire sur une période de près de sept cents ans.

Les invasions mongoles, en 1274 et 1281, ébranlèrent irrémédiablement la stabilité du régime de Kamakura. Bien que des tempêtes et la résistance des samouraïs eussent fait obstacle aux Mongols, le coût des campagnes affaiblit le gouvernement militaire japonais. Dans le système féodal de cette époque, les récompenses pour service militaire prenaient ordinairement la forme de concessions de terre prises sur les territoires expropriés. Mais, en l'occurrence, en repoussant une invasion étrangère, on n'avait pas conquis de terre et il n'y avait rien à piller : les guerriers ne purent donc pas être payés de cette façon. L'insatisfaction qui en résulta dans les clans qui avaient défendu le Japon contre l'envahisseur mongol ne manqua pas de déstabiliser le *bakufu* de Kamakura, qui s'effondra finalement en 1333.

Après une période de désordres civils, un nouveau régime militaire fut instauré en 1336, sous l'autorité d'Ashikaga Takauji. Ce gouvernement s'établit dans le district Muromachi de Kyôto, l'ancienne capitale impériale, et s'attacha davantage à la culture et à la politique de l'ancienne aristocratie. Pendant les cinquante premières années de ce nouveau régime, la maison impériale fut elle-même divisée en deux factions rivales, provoquant des tensions et une instabilité politique qui furent exacerbées par la défaillance du réseau d'alliances des Ashikaga avec les clans guerriers. Une guerre civile de grande ampleur survint en 1467, à la suite de laquelle la stabilité politique ne put être restaurée pendant plus de cent ans. Ce siècle d'après-guerre civile porte, dans l'histoire du Japon, le nom d'époque Sengoku, ou « époque des pays en guerre », et est marqué par une série plus ou moins continue de conflits pour le pouvoir entre seigneurs de la guerre.

Le dernier shôgun Ashikaga fut finalement déposé en 1574 par Oda Nobunaga, le premier des trois seigneurs de la guerre qui parvinrent à unifier le Japon sous la férule militaire. À Oda succédèrent Toyotomi Hidéyoshi, puis Tokugawa Iéyasu, lequel instaura le troisième « gouvernement sous la tente » en 1603. Établi dans la nouvelle ville d'Édo, l'actuel Tôkyô, non loin de Kamakura, l'ancienne capitale militaire, le régime Tokugawa coupa le Japon du monde extérieur et maintint le pouvoir des guerriers pendant plus de deux cent cinquante ans, jusqu'en 1867.

Le régime Tokugawa avait une organisation plus resserrée et exerçait un contrôle politique et social renforcé. Les historiens japonais qualifient le siècle de guerres civiles de période de *gekokujô*, de renversement de la hiérarchie où « l'inférieur commande au supérieur ». Nombre des seigneurs de la guerre qui apparurent durant cette période appartenaient à des lignées récentes, elles-mêmes issues des basses classes, voire de la paysannerie. Tokugawa Iéyasu avait lui-même des origines humbles, mais, lorsqu'il se proclama shôgun du nouveau *bakufu* d'Édo, il eut soin de prendre des mesures pour prévenir des bouleversements sociaux plus radicaux.

Un des actes les plus significatifs du régime Tokugawa fut la transformation du système de classes en système de castes. La société japonaise avait toujours été hiérarchisée, mais les fortunes personnelles et familiales pouvaient s'élever et retomber d'une génération à la suivante. Sous le nouveau régime, les quatre principales classes – guerriers, paysans, artisans et commerçants – furent légalement désignées comme des castes héréditaires, dont le mode de vie était fixé par des lois somptuaires spécifiques à chacune d'elles. Deux classes de parias existaient au-dessous de ces quatre castes : les « souillés » et les « non-humains ». Même si les commerçants prospères avaient la possibilité de contracter des alliances de mariage ou d'adoption avec les familles guerrières, et même si un criminel pouvait être relégué au rang de paria, les quatre castes étaient généralement maintenues cloisonnées.

Une autre innovation majeure du régime Tokugawa fut le déplacement des samouraïs de leurs terres. Dans les systèmes féodaux précédents, le seigneur de la guerre payait ses vassaux en concessions de terre, desquelles ils pouvaient extraire une partie des revenus pour leur entretien. En cantonnant les guerriers dans l'enceinte des châteaux de leurs seigneurs, qui les rétribuaient en riz, au lieu de les laisser vivre directement de leurs terres dans les campagnes, le système Tokugawa permettait de couper à la racine toute velléité de constitution de bandes de guerriers indépendantes dans les provinces.

Ce principe d'organisation assurait au gouvernement militaire central un meilleur contrôle de l'ensemble de la caste des guerriers et transformait plus que jamais les guerriers en une classe de fonctionnaires. Par un effet de compensation psychologique à l'urbanisation et à la bureaucratisation de la classe guerrière, les arts martiaux furent développés dans le sens d'un système, fondé philosophiquement, d'entraînement mental et moral hautement théâtral.

Les samouraïs devinrent aussi des savants et des médecins. Les plus humbles, ceux qui n'étaient pas au service des grandes maisons, trouvaient un moyen de subsistance dans l'enseignement des classiques confucéens aux enfants des écoles primaires ou comme précepteur particulier. Une grande partie des fils des familles guerrières les plus pauvres entrait en religion, surtout dans la secte Rinzaï du bouddhisme zen. Certains de ces nouveaux savants réinterprétèrent même le shintô, l'ancienne religion, et jetèrent les bases de l'impérialisme japonais moderne.

La caste guerrière des samouraïs exerça donc une grande influence sur l'ensemble de la société japonaise, non seulement à travers son rôle de dirigeant et de législateur, mais aussi par ses activités culturelles et pédagogiques auprès des civils non combattants. En s'étendant sur des centaines d'années, cet élément de la civilisation japonaise acquit une impulsion et une force extraordinaires, tant sur le plan politique que sur le plan psychologique. Aujourd'hui encore, la mentalité et la culture japonaises ne sauraient être comprises sans tenir compte de l'influence persistante de ces siècles de domination guerrière.

Le régime Tokugawa dut faire face à un ultime défi : une révolte chrétienne qu'il écrasa en 1636. Dès lors, le christianisme fut banni, et le Japon se trouva isolé de tout contact avec l'étranger, à l'exception de deux navires de commerce – un chinois, l'autre hollandais – par an. La paix civile retrouvée et l'impérialisme occidental repoussé, le Japon s'épanouit dans le cadre rigide de son mode de vie féodal, acquérant un degré de discipline nationale qui lui permettra de s'adapter au monde moderne plus rapidement que les autres nations d'Asie.

Une ironie de cette *Pax Tokugawa* pour la classe des samouraïs fut que, avec la fin des guerres civiles incessantes et la jouissance de la prospérité matérielle, les anciens perçurent un affaiblissement de l'esprit guerrier. Héritiers d'une tradition martiale dans laquelle les souverains étaient eux-mêmes des combattants, ils ne pouvaient voir dans ce déclin de la chevalerie qu'une menace contre l'ordre moral et social. Aussi la codification des philosophies pratiques traditionnelles fut-elle intégrée aux normes culturelles de la période Tokugawa.

Le *Code d'honneur du samouraï*, dont le titre japonais, *Bushidô Shoshinshû*, pourrait être traduit par « Le Bushidô pour les débutants », fut rédigé à l'intention des guerriers novices de cette ère nouvelle. Son auteur, Taïra Shigésuké, était un érudit confucéen et un expert militaire, né en 1639, un an après l'instauration de la politique de « fermeture du pays ». Il mourut en 1730, et vécut donc pendant la période de plus haute prospérité de la *Pax Tokugawa*. Écrit cinquante ans après l'instauration du pouvoir militaire, ce manuel était conçu pour l'instruction pratique et morale des guerriers, afin de corriger leurs penchants capricieux et d'esquisser un modèle de comportement personnel, social et professionnel fondé sur le *bushidô*, la « voie du guerrier », autrement dit la tradition de la chevalerie japonaise.

De nos jours, les exemples d'isolement culturel qui existent de par le monde sont causés, en général, par la déficience de l'information et le malentendu. Le *Code d'honneur du samouraï*, en présentant comme il le fait une tradition centrale et ancienne de prestige et de pouvoir, offre un miroir remarquablement fidèle des caractéristiques et des usages de la civilisation japonaise moderne. Responsabilités personnelles, relations familiales, devoirs publics, éducation, finance, éthique, etc. – tous les aspects de la vie, et bien plus, sont évoqués dans ce texte selon le point de vue de l'esprit guerrier propre à la chevalerie japonaise. On pourra même y voir décrites, avec une justesse surprenante pour un ouvrage vieux de trois siècles, les formes d'incurie et de corruption auxquelles le Japon est aujourd'hui confronté, et constater par la même occasion combien les modes de gouvernement féodal et militaire, dont il est issu, ont façonné la société japonaise. Ce manuel est donc un document essentiel pour tous ceux qui souhaitent acquérir une compréhension réaliste du Japon et des Japonais.

Thomas CLEARY

Première Partie

武士道

AVERTISSEMENT

Le premier souci de celui qui se prétend un guerrier est d'avoir toujours la mort à l'esprit, chaque jour et chaque nuit, du matin du premier jour de l'année jusqu'à la nuit du Nouvel An.

Aussi longtemps que la mort occupera votre esprit à chaque instant, vous serez en accord avec les voies de la loyauté et de la piété filiale. Vous éviterez aussi une myriade de maux et de calamités, vous aurez un corps sain et bien portant et votre vie sera longue. En outre, votre caractère s'amendera et votre vertu grandira.

Voici pourquoi. Toute vie humaine est semblable à la rosée et au gel matinal, qui sont choses fragiles et éphémères. Toute vie humaine est précaire, mais celle du guerrier l'est particulièrement.

Si les gens trouvent réconfort dans la certitude que leur vie sera longue, et qu'ils croient qu'ils devront toujours travailler et s'occuper de leurs parents, voici ce qu'il risque de se produire : ils pourraient bien ne plus donner satisfaction à leur maître et manquer d'égards envers leurs parents.

Mais si vous prenez conscience que la vie dont vous jouissez ici-bas aujourd'hui ne sera peut-être plus demain, alors quand vous recevez les instructions de votre maître et quand vous vous occupez de vos parents, vous sentez que ce pourrait être la dernière fois, et vous ne manquez pas d'être vraiment attentif à votre maître et à vos parents. C'est pourquoi je dis que vous êtes aussi en accord avec les voies de la loyauté et de la piété filiale quand la mort occupe votre esprit.

Quoi que vous fassiez, quand vous êtes oublieux de la mort et distrait, vous perdez toute prudence vis-à-vis des choses. Vous pouvez offenser quelqu'un et vous quereller avec lui. Vous pouvez contester quelque chose que vous auriez pu aussi bien ignorer, et vous chicaner à ce sujet.

À l'opposé, vous pouvez vaquer dans des lieux où vous n'avez rien à faire et, pour n'avoir pas évité les foules, vous heurter à quelque rustre qui vous cherchera noise. Vous pouvez y perdre la vie, faire une mauvaise publicité à votre maître et causer de l'embarras à vos parents et à vos frères et sœurs.

Tous ces ennuis proviennent de votre insouciance quand votre esprit échoue à conserver chaque instant la pensée de la mort.

En ayant toujours la mort à l'esprit, quand vous parlez ou quand vous répondez aux paroles des autres, vous comprenez le poids et le sens de chaque mot comme un véritable guerrier de profession et, donc, vous ne vous lancez pas dans des débats dérisoires. À l'évidence, vous n'allez pas dans les endroits mal famés même si l'on vous y a invité, et vous évitez ainsi de vous trouver en fâcheuse posture. C'est pourquoi je dis que vous éviterez une myriade de maux et de calamités si la mort occupe votre esprit.

Toutes classes confondues, pauvres ou riches, les gens ne cessent de faire des excès de table et de boisson, et cèdent à leurs désirs au point de mettre en danger leur santé ; cela parce qu'ils sont oublieux de la mort. Ces excès mettent à l'épreuve leurs organes internes et peuvent les conduire à mourir jeunes ou, pour le moins, à la maladie ou à l'infirmité.

Même jeune et robuste, si la mort occupe votre esprit à chaque instant, vous savez comment prendre soin de vous. Vous n'abusez pas de la nourriture et de l'alcool, vous contrôlez vos instincts sexuels et vous vous comportez avec prudence. Ainsi, vous conservez un corps bien portant. Et, étant en bonne santé, vous vivrez longtemps.

Si vous êtes convaincu que votre séjour en ce monde doit durer longtemps, des désirs de toutes sortes se présentent à votre esprit, et vous devenez la proie de ces désirs. Vous enviez ce que les autres ont, vous êtes jaloux de ce que vous possédez et vous manifestez un caractère intéressé.

Si la mort occupe votre esprit à chaque instant, la convoitise demeure naturellement faible en vous, et, à ce degré, vous n'aurez pas de réflexe cupide. C'est pourquoi je dis que votre caractère s'amende.

Encore faut-il savoir comment conserver la mort présente à l'esprit.

Suivre l'exemple du moine Shinkaï en restant assis jour et nuit dans l'attente de la mort, comme l'a écrit Yoshida no Kenkô dans ses *Heures oisives*, c'est sans doute un exercice approprié pour un moine, mais cela ne s'accorde pas aux objectifs de la formation des armes. Si vous envisagez la mort de cette façon, vous négligerez la loyauté et la piété filiale envers votre maître et vos parents, et vous vous disqualifierez en tant que guerrier professionnel. Cela n'est pas acceptable.

Ce qu'il faut, c'est accomplir scrupuleusement, jour et nuit, vos devoirs officiels et privés, et, si à l'occasion d'un moment libre votre esprit est inoccupé, méditer sur la mort, concentrer toute votre attention sur elle. Dans l'enseignement qu'il donna à son fils Masayuki, on rapporte que Kusunoki Masashigé, ce grand guerrier, lui recommanda d'être « toujours intime avec la mort ».

Cela dit pour l'instruction des guerriers novices.

侍

L'ÉDUCATION

LES GUERRIERS OCCUPENT UNE position supérieure aux trois autres castes et sont censés être des gestionnaires professionnels. Ils doivent donc étudier et acquérir une large compréhension des principes des choses.

Pourtant, en temps de guerre, les guerriers participent toujours à leur premier combat à l'âge de quinze ou seize ans, accomplissant leur devoir de chevalier ; aussi pratiquent-ils les arts martiaux dès l'âge de douze ou treize ans. Pour cette raison, ils n'ont pas le temps d'étudier et ils sont illettrés par la force des choses.

Pendant l'époque Sengoku, nombreux furent les guerriers qui ne purent même pas lire un mot dans un dictionnaire. Cela n'est pas forcément dû à une négligence de leur part, ni parce que leurs parents les auraient mal élevés, mais parce qu'ils devaient, dans l'immédiat, se concentrer sur les arts de la guerre.

Quant aux guerriers nés à l'époque actuelle, alors que le pays est en paix, je n'irais pas jusqu'à dire qu'il importe peu qu'ils négligent les arts de la guerre, mais comme ils n'ont plus à aller au combat à l'âge de quinze ou seize ans, on devrait leur enseigner la littérature classique, leur apprendre à lire et à écrire dès l'âge de sept ou huit ans. On leur enseignerait ensuite, à l'âge de quinze ou seize ans, à pratiquer le tir à l'arc, l'équitation et tous les autres arts martiaux. Tel devrait être l'objectif essentiel de l'éducation des fils de guerriers en temps de paix.

Il y a une raison à l'illettrisme des guerriers en temps de guerres incessantes. Aucune raison ne tient en temps de paix. On ne saurait le reprocher aux enfants ; ce sont la négligence et l'irresponsabilité des parents qui sont en cause. En fin de compte, c'est parce que les parents ne savent pas aimer leurs enfants.

武士道

LA PIÉTÉ FILIALE

Pour un guerrier, la piété filiale est fondamentale. Les gens qui ne s'occupent pas de leurs parents ne sont pas bons, même si par ailleurs ils sont remarquablement intelligents, s'expriment habilement ou sont beaux.

Voici pourquoi. Dans la voie du guerrier, il est essentiel d'agir avec honnêteté de la racine jusqu'à la branche. Si vous ne connaissez ni la racine ni la branche, vous n'avez aucun moyen de comprendre ce qu'est votre devoir. Et celui qui ne connaît pas son devoir ne saurait être appelé un guerrier.

Connaître la racine et la branche, cela signifie reconnaître que nos parents sont les racines de notre corps, et que notre corps constitue les branches faites de la chair et des os de nos parents. C'est à cause de notre désir de nous établir, nous qui sommes les branches, que certaines circonstances surviennent par lesquelles nous négligeons nos parents, qui sont les racines.

L'ignorance de la racine et de la branche est la cause de cela.

Or, il y a deux voies pour bien s'occuper de ses parents.

Supposons des parents dont le tempérament est modéré, qui éduquent leurs enfants avec une douceur et une affection réelles, subviennent à leurs besoins, les marient bien, et puis se retirent, les laissent établis, avec une situation convenable. Pour les enfants de tels parents, prendre soin d'eux n'a rien de particulièrement louable ou impressionnant.

Même dans le cas d'étrangers, quand ceux-ci nous ont traités avec sollicitude et aidés à titre personnel ou pécuniaire, nous ne les oublions pas. S'ils sont dans le besoin, nous pouvons aller jusqu'à laisser de côté nos propres affaires. Dès lors, comment pourrions-nous être conduits à penser que nous avons fait suffisamment pour nos parents si nous considérons tout l'amour qu'ils nous ont témoigné jour après jour ! C'est pour cette raison que je dis qu'il n'y a rien d'extraordinaire à s'acquitter de devoirs filiaux ordinaires.

Supposons à présent des parents râleurs, capricieux et raisonneurs, qui s'entêtent à diriger leur famille, refusant de rien déléguer, qui sont importuns, irréfléchis, exigeants, et, pour couronner le tout, qui se plaignent aux autres du traitement misérable que leurs enfants leur infligent et entachent ainsi leur réputation.

Honorer des parents aussi déraisonnables, faire l'effort de leur complaire, se lamenter de leur vieillissement et de leur déclin et prendre soin d'eux sincèrement, sans la moindre négligence – tel doit être le rôle que se fixe un enfant respectueux de ses parents.

Lorsqu'un guerrier imprégné de cet esprit entre au service d'un suzerain et devient fonctionnaire, il comprend les exigences de la loyauté et du devoir. C'est une évidence quand son maître est prospère, mais même si celui-ci est la victime d'événements inopinés et est en proie à toutes sortes de difficultés, un guerrier reste farouchement fidèle à son maître et ne l'abandonne pas, quand bien même ses partisans passeraient de cent à dix, voire de dix à un, car dans l'adversité sa loyauté est inébranlable au point qu'il ne tient aucun compte de sa propre vie.

Parents et maîtres, piété filiale et loyauté – ces mots sont différents, mais il n'y a aucune différence dans la sincérité du cœur. Ainsi rapporte-t-on cette parole d'un ancien : « Cherchez des ministres fidèles dans les maisons où les fils sont dévoués à leurs parents. » On n'a jamais vu un homme qui, manquant de respect à ses parents, fût fidèle à son maître. Si un homme est immature au point de manquer aux soins de ses parents, qui sont l'origine de son propre corps, il n'y a aucune chance qu'il soit ému par la sollicitude de son maître, qui n'est ni sa chair ni son sang, ni qu'il lui soit parfaitement fidèle.

Si un homme qui néglige ses parents sous son toit entre au service d'un seigneur, il est très chatouilleux quant à l'impartialité de son maître, et dès qu'il s'aperçoit du moindre faux pas son attitude change. En situation d'urgence il s'enfuira ou passera à l'ennemi. Des exemples de cela existent de tous temps, hier comme aujourd'hui. C'est une chose honteuse, dont il faut se défier.

侍

LES RÈGLES DES GUERRIERS

Il y a deux types de règles, scindés en quatre niveaux, dans le code du samouraï.

Les deux types de règles sont les règles ordinaires et les règles d'urgence. Les règles ordinaires comprennent les règles de chevalerie et les règles des armes. Les règles d'urgence comprennent les règles de troupe et les règles de combat.

Les règles de chevalerie comprennent : se laver les mains et les pieds et prendre un bain matin et soir, veiller à la propreté de son corps, se raser et se coiffer chaque matin, se vêtir correctement et en accord avec la saison et les circonstances, toujours garder son éventail à sa ceinture, sans oublier bien sûr ses sabres court et long. Dans les rapports avec les hôtes, montrez-vous courtois en fonction de leur statut et évitez les propos inutiles. Même si vous partagez un bol de riz ou de thé, veillez à ne jamais vous relâcher.

En service officiel, si vous êtes inoccupé, ne flânez pas sans rien faire ; lisez, pratiquez la calligraphie, méditez les histoires anciennes ou les anciens codes du samouraï. Si vous marchez, êtes immobile, assis ou allongé, tâchez de donner l'exemple, dans votre comportement et dans vos manières, d'un guerrier authentique.

Pour les règles des armes, la première chose à apprendre est le maniement du sabre, puis la lance, l'équitation, le tir à l'arc et tous les autres arts martiaux. Votre devoir est de les étudier, de vous y entraîner et de les maîtriser, afin d'être prêt à vous en servir à tout moment.

Une fois que vous avez cultivé les règles de la chevalerie et les règles des armes, vous n'ignorez rien de la voie des règles ordinaires. Aux yeux des gens du commun, vous serez un bon guerrier, apte à son emploi. Toutefois, les guerriers sont fondamentalement des hommes d'urgence. Quand des troubles civils surviennent, ils abandonnent pour un temps leurs habitudes ordinaires de chevaliers et adoptent le vocabulaire militaire à l'égard de leurs supérieurs, camarades et subordonnés, revêtent l'armure, prennent les armes et le chemin du terrain ennemi. Il y a toutes sortes d'usages et de convenances à observer en ces circonstances, qui toutes se rapportent aux règles de troupe. Il est impératif de les connaître.

Viennent ensuite les règles de combat. Quand vos ennemis et vos alliés s'affrontent dans une bataille, si vos dispositifs et vos manœuvres ont l'efficacité que vous escomptiez, la victoire est à vous ; dans le cas inverse, vous perdez l'avantage et subissez la défaite. Il existe des secrets traditionnels concernant ces divers manœuvres et dispositifs ; ce sont les règles de combat. Il est impératif de les connaître.

Les règles de troupe et les règles de combat constituent les deux niveaux des règles d'urgence.

Le guerrier qui a cultivé jusqu'à la maîtrise parfaite les quatre niveaux des règles ordinaires et des règles d'urgence est considéré comme un guerrier d'élite. Si vous maîtrisez les deux niveaux des règles ordinaires, vous êtes apte à servir comme guerrier, mais si vous ne possédez pas à fond les deux niveaux des règles d'urgence, vous ne pourrez être un commandant de troupe, un meneur d'hommes, un juge, ni quoi que ce soit de cet ordre.

Par conséquent, cette distinction faite, il est essentiel, pour devenir un guerrier complet, de pratiquer les arcanes des règles de troupe et de combat autant que les règles de chevalerie et des armes, et d'avoir la détermination de ne jamais renoncer avant d'être devenu un guerrier d'élite.

武
士
道

NE PAS OUBLIER LE COMBAT

Pour un guerrier, il est essentiel d'être occupé, jour et nuit, par l'esprit de combat ; qu'il se déplace, soit immobile, assis ou allongé, il ne doit jamais l'oublier.

La tradition japonaise diffère de celle des autres pays en ce que même les gens des classes les plus basses, comme les paysans, les commerçants et les artisans, conservent tous comme leur plus cher trésor un sabre court, même rouillé. Telle est la tradition japonaise, mais cela ne signifie pas que ces trois classes choisissent les armes pour profession.

Dans les maisons guerrières, la règle veut que même les subalternes et les écuyers portent toujours sur eux un sabre court. On comprendra donc d'autant mieux combien il est nécessaire que les chevaliers à part entière aient à tout instant leurs sabres à portée de la main. C'est pourquoi, même dans leur bain, les guerriers vraiment sérieux portent un sabre sans tranchant ou un sabre de bois.

Si vous êtes aussi prudent sous votre propre toit, vous devez l'être bien davantage quand vous allez au-dehors. Il n'est pas impossible que sur votre chemin, ou à votre destination, vous tombiez sur une personne que l'alcool aura mise en rage, ou sur une espèce de fou, et que vous ayez à vous battre inopinément en duel. Un vieil adage dit : « Quand vous passez la porte de votre maison, c'est comme si vous voyiez un ennemi. » Puisque vous êtes un guerrier de métier et portez le sabre, vous ne devez oublier l'esprit de combat à aucun moment.

Quand vous n'êtes pas oublieux de l'esprit de combat, vous agissez spontanément en accord avec le précepte selon lequel vous devez conserver à chaque instant la mort présente à l'esprit.

Le guerrier qui porte deux sabres mais n'a pas l'esprit de combat dans son cœur n'est qu'un paysan ou un commerçant affublé de la peau du guerrier.

侍 LES MOINES-GUERRIERS

DEPUIS LES TEMPS ANCIENS, IL existe une tradition de moines-guerriers, et c'est un fait qu'il y a des ressemblances entre les moines et les guerriers.

Par exemple, dans les écoles zen, ceux qu'on appelle « bibliothécaires » et « chefs d'assemblée » sont des moines dont le statut est proche des petits guerriers qui assurent les services auxiliaires.

Au niveau supérieur, se trouvent les officiants et les professeurs assistants, qui correspondent aux officiers militaires, comme les chefs de groupe des samouraïs d'un domaine, ou les chefs des guerriers à pied.

Or, même s'ils sont encore des novices, quand les moines portent leurs vêtements sacerdotaux colorés, tiennent en main les symboles de l'autorité et conduisent des groupes nombreux, ils sont appelés « doyens » ou « maîtres ». Ils sont les équivalents des guerriers qui ont leur propre drapeau, leurs insignes et leur bâton d'autorité, les commandants de chevaliers ou d'infanterie, qui mènent les troupes et dirigent les armées, ou les commandants d'archers.

Néanmoins, concernant la poursuite des études, la manière dont procèdent les guerriers paraît beaucoup moins efficace que celle adoptée par les frères bouddhistes. Dans le détail, on peut expliquer cela par le fait que, chez les bouddhistes, un moine ordinaire peut quitter son maître et visiter un grand nombre de monastères et de montagnes, où il pourra rencontrer maints maîtres érudits et guides illuminés, et accumuler de la sorte des fruits de l'étude zen et des connaissances. Même si un moine s'élève au rang des officiants et des professeurs assistants ou devient un doyen ou un maître, même s'il prend le chemin d'un grand temple ou d'un monastère, il poursuit toujours son étude jusqu'à son terme sans la moindre difficulté, dans l'attente de devenir un professeur public.

Il serait souhaitable qu'il en allât ainsi parmi les guerriers, mais même les guerriers ordinaires dépourvus de charge, qui assurent des services extérieurs, reçoivent un traitement, aussi oisifs soient-ils. Puisqu'ils ne manquent pas de nourriture, de vêtements et qu'ils ont un toit, même les plus jeunes ont femme et enfants. Ils sont plutôt occupés à piquer un somme le matin et l'après-midi, et ils n'étudient ni ne pratiquent les arts martiaux – ce qui est pourtant la règle pour les guerriers. Ils sont encore moins soucieux des règles de troupe et des règles de combat.

Chaque jour s'écoule en pure perte et, à mesure que passent les mois et les années, ils grisonnent et commencent à se déplumer. Puisqu'ils paraissent en avoir l'âge, on leur donne des fonctions honorifiques. Si, par exemple, ils deviennent des émissaires, ils prennent la route sur-le-champ et parviennent tant bien que mal à accomplir leur travail, grâce à leurs collègues, mais quand il s'agit d'une mission extraordinaire dans une province lointaine, ils sont déconcertés et rongés par l'angoisse. Pendant les préparatifs du voyage, ils prennent conseil auprès de leurs prédécesseurs et consultent des manuels traditionnels de protocole. Alors, s'ils mènent à bien leur mission, c'est qu'ils s'en tirent, comme on dit, à bon compte. On ne peut pas dire que c'est la manière dont les choses devraient être conduites dans cette profession.

Dans le détail, on peut expliquer cela par le fait que les devoirs officiels de la caste des guerriers sont généralement bien définis, de sorte que vous devez les étudier dans les moments où vous n'avez pas vous-même de charge. Chaque fois que, dans une réunion, vous rencontrez des officiers capables et expérimentés, laissez les conversations oiseuses et enquérez-vous plutôt de ces choses auxquelles vous pourriez être confronté ou qui pourraient vous être utiles dans l'avenir. Interrogez-les à maintes reprises, écoutez attentivement et souvenez-vous de tout. Empruntez d'anciens manuels de procédure et de protocole et prenez copie de ce qui pourrait vous être utile dans l'avenir. Ainsi, si vous êtes pénétré des grandes lignes des obligations afférentes aux différentes charges, alors, quelle que soit la responsabilité que l'on vous confie, vous devriez pouvoir vous en acquitter sans peine.

Du reste, acquérir un savoir-faire grâce aux vétérans et à ses collègues, et accomplir son travail avec leur aide, c'est la manière des temps ordinaires. En période de crise, en revanche, on ne peut profiter de l'assistance et des conseils d'autrui, et on n'a d'autre solution que de se débrouiller par ses propres moyens, tant bien que mal.

Par exemple, un inspecteur militaire doit savoir le nombre des troupes ennemies, la qualité de leurs formations de bataille et de leur préparation, le degré de sécurité des châteaux forts, les avantages du terrain et les chances de victoire. C'est pourquoi la charge d'inspecteur militaire est traditionnellement considérée comme délicate. Si la perspicacité de l'inspecteur militaire est prise en défaut, cela est généralement imputé à une erreur de jugement individuelle. Au niveau de l'autorité de commandement, c'est-à-dire le commandant d'infanterie ou au-dessus, la responsabilité de vie ou de mort des troupes est en jeu, aussi est-ce la plus grande des ignominies que de conduire les guerriers à la déroute à cause de l'incompétence de son commandement.

C'est comme un moine zen qui négligerait l'étude des doctrines religieuses du temps où il est un moine ordinaire, mais finirait tout de même doyen ou maître pour la simple raison qu'il avance en âge et perd ses cheveux, qu'il revêt des robes colorées, porte les insignes de l'autorité et est à la tête d'un groupe nombreux.

Quoi qu'il en soit, lorsqu'un charlatan de cet acabit se déshonore devant une audience sérieuse, il devient la risée de la foule ; lui seul est couvert de honte et contraint de se retirer – la communauté n'est pas mise en péril. En revanche, lorsqu'un chef militaire commet une bévue dans son commandement, il met en danger la vie de ses troupes et cause de grands torts.

Il est important de comprendre cela et, en conséquence, d'utiliser son temps libre à parfaire sa connaissance des règles de troupe et des règles de combat. Étudiez et pratiquez de manière à pouvoir assumer n'importe quelle charge, même celles de commandement.

武
士
道

LE VRAI ET LE FAUX

Aussi longtemps qu'il est compris et accepté que les guerriers doivent faire la part du vrai et du faux, et qu'ils s'efforcent de faire le vrai et d'éviter le faux, la voie des guerriers est vivante.

Vrai et faux signifient bien et mal. Le vrai est bien, le faux est mal. Les gens du commun ne sont pas totalement dépourvus de l'intelligence du bien et du mal, du vrai et du faux, mais ils trouvent assommant et fastidieux de bien agir et de tendre vers le bien. Agir et se comporter mal étant amusant et habituel, ils se laissent entraîner vers ce qui est faux et mal, si bien qu'agir avec droiture et encourager le bien leur devient fastidieux.

L'idiot achevé, incapable de faire la part du bien et du mal, du vrai et du faux, ce n'est même pas la peine d'en parler. Une fois que vous avez jugé qu'une chose est bien ou mal, si vous faites ce qui est mal, en éludant les réclamations et la justice, votre attitude n'est pas digne d'un guerrier. C'est l'exemple même de l'immaturité de notre époque. À l'origine de cela, peut-être y a-t-il un manque d'endurance des gens. C'est peu de chose, direz-vous, mais vous verrez que le manque d'endurance est une conséquence de la lâcheté.

C'est pourquoi les guerriers considèrent comme essentiel de se défier du mal et de s'attacher au bien.

Or, il y a trois voies pour faire le bien.

Supposons que vous alliez quelque part en compagnie d'une connaissance qui a cent onces d'or et souhaite les déposer chez vous jusqu'à votre retour, plutôt que de s'embarrasser à les garder sur lui. Supposons que vous preniez cet or et le cachiez là où personne ne pourra le trouver. Et supposons encore que votre compagnon meure en chemin, d'un empoisonnement ou d'une attaque, par exemple. Personne d'autre que vous ne sait qu'il a déposé son or chez vous, et personne ne sait que vous l'avez.

Dans ces circonstances, si seule la tristesse d'avoir perdu un ami vous habite, que vous parliez de l'or aux proches du défunt et le leur envoyiez dès que vous en avez la possibilité, alors on peut vous dire que vous avez bien agi.

Supposons maintenant que cet homme ne soit pas un ami, mais une simple connaissance. Personne ne sachant qu'il vous a confié de l'or, il n'y aura pas d'enquête. Il se trouve que vous êtes à court d'argent à ce moment-là, et c'est donc un peu une chance pour vous. Alors pourquoi en faire toute une affaire ?

Si vous vous sentez honteux de ces pensées, et que vous changiez d'avis et envoyiez l'or aux héritiers légitimes, on pourra vous dire que vous avez bien agi à cause du sentiment de honte.

Supposons encore qu'une personne de votre maison – votre femme, par exemple, ou un de vos enfants, de vos serviteurs – connaisse l'existence de cet or. Supposons que vous restituiez l'or aux héritiers légitimes à cause de la honte d'éventuels desseins que cette personne de votre maison pourrait concevoir, et par crainte des conséquences légales. Alors on devra dire de vous que vous agissez bien en raison de votre honte des autres.

Mais que feriez-vous si personne n'en savait rien ?

Même dans un tel cas, on pourrait presque dire de vous que vous n'êtes pas un homme qui connaît le bien et le fait.

Le chemin vers la pratique du bien commence par la crainte que votre entourage, en premier lieu votre famille et vos serviteurs, ne vous respecte plus. Dans un deuxième temps, par peur de vous attirer la disgrâce d'être mis à l'écart et ridiculisé par l'ensemble de la société, vous vous abstenez d'agir mal et faites délibérément le bien. De cette manière, cela deviendra bientôt une seconde nature, si bien que vous développerez un tempérament qui privilégie le vrai et dédaigne le faux.

Par ailleurs, dans le contexte de la bravoure guerrière, ceux qui sont nés braves ne s'émeuvent pas d'une flèche ou d'un coup de feu sur le champ de bataille, aussi périlleux soit-il. Exacerbés tant par la loyauté que par le devoir, ils font une cible de leur corps. Leur fougue s'exprime aussi physiquement, et il est inutile de dire qu'ils sont superbes dans l'action.

Il y a également ceux que le danger rend hésitants, dont le cœur bat la chamade et dont les jambes flageolent ; ils vont pourtant de l'avant, avec les braves, conscients que leurs camarades les verront s'ils sont les seuls à renoncer, et déterminés à ne pas s'exposer au ridicule. Bien qu'ils soient très inférieurs à ceux qui sont braves par nature, quand ils ont traversé cette épreuve et qu'ils combattent, bataille après bataille, jusqu'à être aguerris, leur esprit s'apaise et ils deviennent des guerriers dignes d'éloges, forts et déterminés, proches de ceux qui sont braves par nature.

Dès lors, quand il s'agit d'agir bien et d'être courageux, rien ne vaut, pour avancer, le sentiment de honte. Si vous agissez mal, insoucieux des gens qui diront que c'est mal, ou si vous êtes un poltron qui ne se soucie pas que les gens rient de sa mollesse de caractère, il n'y a rien que quiconque puisse vous enseigner.

侍

LE BRAVE

POUR UN GUERRIER, SEULES trois choses sont considérées comme fondamentales : la loyauté, le devoir et la bravoure. Nous parlons des guerriers loyaux, des guerriers qui sont fidèles à leur devoir et des guerriers qui sont courageux et forts. Les guerriers qui possèdent ces trois vertus – la loyauté, le sens du devoir et la bravoure – sont prisés comme des guerriers du plus haut rang.

Les guerriers du plus haut rang sont rares, même dans un groupe de cent ou mille hommes. Quant à la différence entre les guerriers loyaux et ceux qui sont fidèles à leur devoir, leur conduite en témoigne constamment et il est facile de les distinguer.

On se demandera peut-être s'il n'est pas impossible de connaître le sens du devoir d'un homme brave en période de paix comme à présent, où aucune guerre n'est déclarée. Cela n'est pas impossible, comme je vais l'expliquer.

D'une manière générale, le courage n'est pas quelque chose qui se manifeste uniquement quand vous portez une armure, prenez les armes et combattez dans une bataille. La différence entre un brave et un poltron peut être observée dans la vie de tous les jours.

Celui qui est naturellement brave manifeste sa loyauté et sa dévotion à son maître et à ses parents, et il emploie son temps libre à l'étude de la littérature et à parfaire sa pratique des arts martiaux. Il se garde de la luxure et ne daigne pas gaspiller ne serait-ce qu'un sou. Il n'est pas pingre, pourtant, et il sait dépenser son argent avec libéralité quand cela est nécessaire.

Même s'il en a envie, il évitera de se rendre dans les endroits que les règles de son emploi lui interdisent, ou que ses parents désapprouvent. Il renoncera même aux choses auxquelles il est difficile de renoncer, afin de ne pas déplaire à son maître et à ses parents.

Il se maintient en bonne condition et, parce qu'il souhaite accomplir des choses importantes dans sa vie, il prend soin de sa santé, il est frugal et sobre. De même, il se préserve prudemment des émotions sexuelles, cause de la plus grande confusion chez l'homme, et se montre patient et tolérant à l'égard de toutes les autres choses.

Tout cela reflète le tempérament du brave.

Quant aux poltrons, ils font généralement preuve d'un respect de façade envers leur maître et leurs parents et ne se préoccupent pas véritablement d'eux.

Ils n'évitent pas ce qui est interdit par leur maître ou désapprouvé par leurs parents. Ils fréquentent même des lieux où ils ne devraient pas aller et font des choses qu'ils ne devraient pas faire. Agissant à leur guise, ils font habituellement la sieste le matin et l'après-midi. Ils détestent les études littéraires, et même s'ils pratiquent les arts martiaux, ils n'ont de réelle assiduité dans aucun. Ils ne font que se vanter de compétences qu'ils ne possèdent pas.

Ils sont prodigues pour des lubies inutiles et des festins extravagants, mais grappillent sur l'indispensable. Ils ne songent pas à entretenir l'héritage qu'ils ont reçu de leurs parents, et moins encore au remplacement de leur équipement militaire.

Si leur santé est fragile, ils ne peuvent assurer de service officiel actif. Inconscients des soucis qu'ils causent à leurs parents, ils mangent avec excès, boivent sans modération et perdent toute tempérance sexuelle.

Cette consomption de soi et de sa vie trouve son origine dans la faiblesse et l'immaturité de l'esprit incapable d'endurer et de supporter les choses. Cela reflète généralement le tempérament d'un guerrier lâche.

C'est pourquoi je dis que le brave et le poltron peuvent être facilement identifiés dans la vie de tous les jours.

武士道

LA POLITESSE ET LE RESPECT

Les voies de la loyauté et de la piété filiale ne sont pas obligatoires que pour les guerriers. À cet égard, les paysans, les artisans et les commerçants ne sont pas différents.

Néanmoins, quand des jeunes gens ou des serviteurs sont en conversation et autres rapports avec leur maître ou leurs parents sans leur marquer de déférence, on ferme encore les yeux pour autant qu'ils soient sincères envers eux ; c'est la façon dont les trois classes inférieures expriment la loyauté et la piété filiale. Dans la voie des guerriers, peu importe combien vous chérissez dans votre cœur la loyauté et la piété filiale, car si vous n'exprimez pas d'une manière déférente votre respect à l'égard de vos maîtres et de vos parents, on ne pourra pas dire de vous que vous êtes en accord avec la voie du guerrier.

Toutefois, dans les relations avec son maître – ce qui va sans dire – ou avec ses parents, aucun guerrier honnête ne saurait être grossier ou négligent en leur présence. Ne pas se relâcher même loin des regards, quand maître et parents ne savent pas ce qu'on fait, et se conduire dans les ténèbres de la nuit de la même façon que dans la lumière du jour, c'est ce qu'on appelle la loyauté et la piété filiale des guerriers.

Où que vous dormiez, n'allongez pas vos jambes dans la direction de votre maître. Lorsque vous dressez un fagot de paille pour vous entraîner au tir à l'arc, faites en sorte que les flèches ne tombent pas à proximité de votre maître et, lorsque vous rangez votre lance et votre sabre, ne dirigez pas leur pointe vers lui.

En outre, tenez-vous droit lorsque vous entendez ou dites quelque chose concernant votre maître. Il est de mauvais augure de se laisser aller sans retenue à des commérages sur lui, ou de lire sans discrétion une lettre de vos parents, et de la jeter ensuite ou de la déchirer pour nettoyer sa pipe ou sa lampe.

Quand ceux qui se comportent de cette manière rencontrent en d'autres lieux les guerriers d'autres établissements, ils pérorent sur les inconvénients de l'établissement de leur maître. Ou bien, s'ils rencontrent un flatteur, ils se répandent joyeusement en racontars sur leurs parents et leurs frères et sœurs, et ils les ridiculisent ou les calomnient. Pour cette raison, ils seront châtiés un jour par leur maître ou par leurs parents, ou ils auront à subir quelque grave infortune, ou ils subiront la mort du guerrier qui est abandonné du destin. Et même s'ils survivent, ils ne seront plus bons à rien, ou en aucun cas capables de mener une vie décente.

Pendant l'ère Keichô (1596-1615), il y avait un valeureux samouraï, nommé Kani Saizô, qui commandait l'infanterie de Fukushima Masanori, chef de la garde impériale de gauche. Il était le garde de la Porte de fer du château de Hiroshima, en Aki. Comme il montait la garde jour et nuit et qu'il était très âgé, il avait l'habitude de se reposer en faisant de petits sommes.

Il arriva qu'un acolyte appartenant au service personnel de Masanori rendit visite à Saizô pendant son sommeil, apportant une caille qu'un faucon avait attrapée. Cet acolyte lui rapporta que c'était sire Masanori qui lui envoyait la caille, que son faucon avait tuée.

Entendant cela, Saizô se leva, remit la veste d'uniforme qu'il avait retirée pour dormir et, pour recevoir le présent, se tourna en direction du quartier général en disant qu'il s'y rendrait de ce pas pour exprimer ses remerciements. Puis, il gourmanda l'acolyte : « Aussi jeune que tu sois, tu es un vrai crétin ! Sachant que le message venait de messire, tu aurais dû d'abord me l'annoncer, attendre que je sois prêt et, ensuite, me délivrer le message. Au lieu de cela, tu as l'arrogance de le faire alors que je suis couché ! Si tu n'étais pas un morveux, tu serais puni pour cela, mais tu as la chance de n'être qu'un enfant et je te laisserai aller. »

Tout agité, l'acolyte s'en retourna précipitamment et alla raconter aux pages ce qui était arrivé. Voici, rapporte-t-on, ce que dit Masanori : « Saizô était fondé de s'emporter de ton impolitesse. J'aimerais que tous les guerriers des provinces d'Aki et de Bizen aient le cœur de Saizô. Alors, tout serait possible. »

侍

L'ÉQUITATION

AU TEMPS JADIS, DIT-ON, LES guerriers de tous rangs considéraient le tir à l'arc et l'équitation comme les arts martiaux les plus nobles. De nos jours, les guerriers s'attachent essentiellement à la pratique du sabre, de la lance et de l'équitation. Pour les autres arts martiaux comme le tir à l'arc, le tir à l'arme à feu, le dégainage du sabre et le *jujitsu*, il va de soi que les jeunes guerriers les pratiquent régulièrement matin et soir. Mais, quand vous vieillissez, quoi que vous vouliez apprendre, cela ne se passe pas aussi bien que vous le souhaiteriez.

Pour les guerriers de rang inférieur, il est particulièrement souhaitable qu'ils apprennent à bien monter à cheval, de manières qu'ils puissent se rendre maîtres de n'importe quelle monture, même turbulente ou fougueuse. Voici pourquoi. Les bons chevaux faciles à monter sont rares ; même s'ils existent, ils demeurent l'apanage des grands guerriers, on n'en voit jamais dans les écuries des guerriers plus modestes. Mais si vous maîtrisez l'équitation, vous pouvez dénicher un cheval excellent mais trop turbulent, capricieux ou fougueux, et l'acheter à vil prix. Ainsi, vous avez toujours la possibilité de posséder un cheval meilleur que ce que vous pourriez normalement vous offrir.

D'une manière générale, apprécier la couleur et la robe d'un cheval est l'affaire des guerriers de haut rang. Pour un guerrier de rang inférieur, la raison veut qu'il ne rejette pas un cheval à cause de sa couleur ou de sa robe. Pour peu que ce soit une bonne monture, pense-t-il, il est sensé de l'acquérir.

Autrefois, il y avait un guerrier nommé Kakuganji qui était au service du clan Murakami, dans la province de Shin. Il commandait environ trois cents cavaliers, parmi lesquels se trouvaient d'habiles archers. Il avait coutume de choisir pour monture des chevaux que les gens ordinaires délaissaient généralement à cause de leur vilaine robe. Au lieu de faire pratiquer ses hommes sur le terrain d'entraînement, il conduisait dans les champs à l'extérieur du château cinquante, voire cent cavaliers à la fois, et lui-même, Kakuganji, à leur tête. Ils galopaient dans les plaines et, en pleine course, là se laissaient tomber de leur selle pour mieux y remonter, ou là ne restaient en selle que pour mieux en sauter, montrant tant d'habileté dans leurs exercices qu'ils s'acquirent bientôt la réputation de cavaliers chevronnés.

Pour cette raison, à cette époque, même le clan Takéda de la province de Kaï se méfiait d'un adversaire redoutable comme Kakuganji de la province de Shin. C'était tout l'honneur de Kakuganji.

D'une manière générale, selon la tradition, un cheval de combat devait avoir une taille un peu plus haute que la moyenne, avec une tête et un arrière-train moyens. Toutefois, pour un guerrier de rang inférieur, ne possédant pas de monture de rechange, il était souhaitable que son unique cheval fût imposant et de grande taille, avec une tête aussi haute et un arrière-train aussi large que possible. Mais vouloir déformer artificiellement son cheval, en lui étirant les tendons pour qu'il ait une foulée plus longue, ou lui couper les tendons de la queue pour l'empêcher de la lever, c'est une excentricité due à l'ignorance de la voie des guerriers.

Voici pourquoi. Un cheval dont les tendons des quatre pattes sont étirés se fatigue plus vite quand il monte une côte, pendant les longs périples ou quand il traverse une rivière ; il devient donc inutile. Avec les tendons de la queue coupés, la croupe d'un cheval glisse quand il franchit un ravin ou un canal, et on a coutume de dire qu'un cheval dont l'arrière-train est trop large n'est pas fait pour être monté sur un chemin étroit.

Il y a deux types d'intérêt pour les chevaux, un bon et un mauvais.

L'intérêt des anciens guerriers pour les chevaux tenait à leur besoin de manœuvrer même pesamment armé. Pour eux, les chevaux se substituaient à leurs pieds. En outre, selon les circonstances, leurs chevaux pouvaient être blessés ou tués. Bien que les chevaux soient des animaux, ils les prenaient en pitié. Ils étaient toujours attentifs à leur nourriture et les étrillaient avec soin.

Quant à l'intérêt que les gens ont de nos jours pour les chevaux, il consiste à acheter au rabais des bêtes indociles et à les redresser, ou à sélectionner des poulains de la campagne et à les dresser, puis à attendre les prenants pour les vendre à des prix élevés. C'est de l'esprit mercantile, et c'est pire que n'avoir aucun intérêt pour les chevaux.

武

士

道

LES RÈGLES DE TROUPE ET LES RÈGLES DE COMBAT

Ceux qui prétendent être des guerriers, même s'ils sont de rang inférieur, doivent se choisir un mentor approprié, qui leur enseignera les arts de la guerre, de manière à se forger une connaissance approfondie des règles de troupe et des règles de combat, sans oublier les arcanes.

D'aucuns avanceront qu'il n'est pas convenable pour un guerrier de rang inférieur d'exhiber sa maîtrise des règles de troupe, mais c'est une opinion hâtive. Voici pourquoi.

À travers l'Histoire, parmi les gens qui ont été respectés comme les protecteurs des provinces et des préfectures, ou qui se sont acquis la réputation de grands généraux, beaucoup étaient d'extraction modeste, sans l'appui d'un clan, qui ont accompli de grandes œuvres. Même aujourd'hui, si vous abandonnez la condition la plus modeste pour vous établir, il n'est pas exclu que vous puissiez devenir un commandant régional.

De surcroît, s'ils étudient la science militaire, ceux qui sont nés intelligents le deviendront encore plus, tandis que ceux qui sont quelque peu attardés atteindront un niveau tel qu'ils cesseront de dire des inepties. Ainsi donc, les guerriers ne doivent pas négliger l'étude de la science militaire.

Toutefois, s'ils cultivent les arts de la guerre d'une manière erronée, ils deviennent vaniteux de leur savoir et regardent les autres avec condescendance. Débitant haut et fort des théories spécieuses, ils corrompent la jeunesse et gâtent leurs dispositions. Bien qu'ils emploient des mots qui dépassent leur capacité – mots qui peuvent sonner juste et vrai –, dans leur cœur ils sont cupides, toujours à calculer profits et pertes. Petit à petit leur caractère s'avilit, à telle enseigne que certains perdent même tout à fait l'esprit de chevalerie. C'est une erreur qui résulte d'une maîtrise insuffisante de la science militaire.

Si vous vous apprêtez à étudier la science militaire, ne vous arrêtez pas en chemin. Il vous faut pratiquer jusqu'à atteindre les arcanes, afin de retrouver finalement la simplicité originelle et vivre en paix. Si toutefois vous pratiquez jour après jour une science militaire incomplète, incapable d'atteindre les principes secrets, et que pour cette raison vous êtes frustré et démoralisé, cela est fort regrettable.

Or, retrouver la simplicité c'est retrouver l'état d'esprit d'avant l'étude de la science militaire. D'une manière générale, de même que la pâte de haricots empeste la pâte de haricots, on a coutume de dire que si vous rencontrez un maître de science militaire qui empeste la science militaire son odeur vous sera insupportable.

DEUXIÈME PARTIE

侍 DIRIGER SA MAISON

Si la conduite de sa femme ne satisfait pas entièrement un guerrier, il doit lui en expliquer les raisons et la reprendre de telle sorte qu'elle comprenne. Si l'affaire est bénigne, il convient de lui pardonner et d'en rester là avec indulgence. Mais si son attitude a toujours été mauvaise et, en fin de compte, ne semble pas vouloir s'amender, il n'a qu'à la répudier et la renvoyer chez ses parents. Cela doit toutefois rester exceptionnel.

Quoi qu'il en soit, si au lieu de suivre ce conseil vous houspillez votre femme, laquelle doit être respectée en tant que maîtresse de votre maison, et vous mettez à l'injurier, ce sont sans doute les manières des charretiers du quartier des affaires mais ce n'est certainement pas un comportement digne d'un guerrier. Plus critiquable encore serait de brandir votre sabre ou de la frapper du poing – comportement exécrable, caractéristique d'un guerrier lâche.

Voici pourquoi. Une femme née dans une famille de guerriers et qui est en âge de se marier n'accepterait jamais d'être frappée si elle était un homme, mais, à cause de sa condition inférieure de femme, elle n'a d'autre choix que d'endurer cela avec les larmes aux yeux. Injurier quelqu'un qui n'est pas en état de répondre, un guerrier valeureux ne le ferait tout simplement pas. Une personne qui fait sien ce que les guerriers réprouvent est un lâche.

武士道

LES LIENS DE PARENTÉ

D'APRÈS L'USAGE, LES FILS DE vos frères aînés et ceux de vos frères cadets sont tous appelés vos neveux. Les fils de vos sœurs mariées dans d'autres familles sont également appelés vos neveux. Ne pas faire de différence entre eux est caractéristique des paysans et des bourgeois ; il en va autrement des guerriers.

Ainsi, le fils de votre frère le plus âgé, qui est l'héritier de droit, est sans doute votre neveu, mais puisqu'il est amené à prendre la succession de vos parents et de votre frère aîné, il doit être appelé le chef de la maison. Bien qu'il soit de la même génération que vos autres neveux, vous le traitez avec la même considération que vous avez pour vos parents et votre frère aîné. Vous ne le traitez pas comme un neveu, mais comme si vous honoriez les ancêtres de votre clan.

Pour les deuxième et troisième fils de votre frère aîné, ainsi que pour les enfants de vos frères cadets, une relation conventionnelle d'oncle à neveu est de mise.

Dans les relations avec les fils de vos sœurs, bien qu'ils soient aussi vos neveux, il convient, puisqu'ils ne portent pas le même nom de famille que vous, de conserver une certaine retenue dans votre manière de leur parler et de vous adresser à eux dans les lettres.

Une fois que vous aurez fait adopter dans d'autres maisons votre neveu, votre frère cadet ou même votre fils, vous devrez prendre la même attitude vis-à-vis d'eux. Aussi familier que soit votre langage dans les réunions ou les rassemblements, lorsque vous avez affaire à des gens d'autres maisons et d'autres lieux, il convient d'être réservé dans vos manières.

Si vous voulez traiter votre fils ou votre frère cadet comme s'il était toujours votre fils ou votre frère cadet après que vous l'aurez fait adopter par une autre maison, vous vous exposerez aux critiques des parents et des serviteurs de son père adoptif. Ils vous diront que si vous voulez vous comporter de cette façon vous auriez mieux fait de le garder chez vous.

Si toutefois le père adoptif n'a pas de parents proches, sa maison n'est pas bien dirigée, et les perspectives d'héritage pour le fils adopté sont presque nulles ; donc, s'il s'agit de votre fils ou de votre frère cadet, c'est une question difficilement négligeable. Dans un tel cas, il est préférable de vous occuper de lui, par pure nécessité.

Ensuite, supposons que vous mariiez votre fille, et que son époux meure après qu'un fils est né. Votre petit-fils devient *de facto* le maître de sa maison. Concernant la succession et tout ce qui doit être discuté avec les parents du défunt, quatre-vingts à quatre-vingt-dix pour cent des décisions appartiennent à ces derniers.

Néanmoins, si l'enfant devient le pupille de la belle-famille comme héritier d'un père démuni, alors puisque, après tout, il vous revient d'aider votre fille à faire face à ses difficultés, vous devez aussi prendre soin de l'enfant.

Si la succession du mari défunt est suffisante, ou s'il avait quelques économies, la belle-famille n'est pas censée y toucher. Même dans le cas où votre petit-fils est encore un enfant, si c'est vous qui le prenez sous votre aile en accord avec votre fille, mais que vous n'avez pas obtenu le plein consentement, vous vous placez en position de recevoir des critiques.

Supposons maintenant qu'une famille appartenant en ligne directe à la famille du chef du clan, ou à celle de vos ancêtres, ou à l'une de vos porte-étendard, ait à subir le déclin et la déchéance. En tant que guerrier, votre attitude doit être de ne pas prendre vos distances, mais d'entretenir de bonnes relations avec eux et de prendre de leurs nouvelles de temps à autre. Agir en opportuniste comme un ami des beaux jours, honorer ceux qui sont indignes de l'être quand vous les voyez prospérer et dédaigner ceux qui méritent d'être honorés quand ils sont sur le déclin, c'est une attitude de paysan ou de commerçant ; ce n'est pas digne d'un guerrier.

侍

LA FRUGALITÉ

EN SERVICE OFFICIEL, LES GUERriers, qu'ils soient de haut ou de bas rang, doivent toujours être sobres et attentifs à ne pas dilapider leur argent.

Pour les guerriers appointés, toutefois, aussi désargentés soient-ils, s'ils changent rapidement leur manière de penser et font des économies dans tous les domaines où ils le peuvent, en rationalisant leurs affaires, ils pourront rétablir leurs finances avant longtemps. Cela parce qu'ils ont de l'aisance.

Si les plus humbles imitent les guerriers de haut rang en gaspillant leur argent à des choses futiles, leurs appétits sont d'autant moins satisfaits qu'ils n'ont aucune aisance, et ils ont beau économiser ils ne peuvent compenser. En fin de compte, ils seront sans le sou, dans un état de dénuement complet.

La vie de chacun est affaire personnelle, mais ceux qui assurent un service officiel doivent aligner leur niveau de vie sur celui de leurs collègues ; certains frais sont donc inévitables. Dans ces conditions, si quelqu'un est dans une situation difficile et, par conséquent, se trouve impliqué dans toutes sortes d'intrigues, disant ce qu'il ne devrait pas dire et faisant ce qui n'est pas à faire, il commet une erreur qui, à l'origine, est due à des problèmes financiers.

Donc, étant conscient de cela dès le départ, vivez dans la limite de vos moyens, en ayant soin d'éviter les dépenses inutiles, même les plus petites, et en ne dépensant votre argent que pour ce qui est absolument nécessaire. Telle est la voie de la frugalité.

Il y a encore une autre chose concernant la frugalité qui doit être bien comprise. Quand vous êtes obsédé par l'économie, que vous répugnez à dépenser de l'argent et ne pensez plus qu'à lésiner et épargner, sans doute réussissez-vous à rétablir vos finances et même à être plus riche qu'auparavant, mais si vous devenez thésauriseur et avare au point de négliger vos obligations et devoirs parce que vous ne pensez plus qu'à faire des économies, alors vous serez ce qu'on appelle un pingre.

Passe encore pour les paysans et les bourgeois, mais un guerrier pingre est méprisé. En effet, une personne qui répugne à dépenser de l'argent – chose qui abonde dans le monde – même pour un motif valable n'est certainement pas disposée à renoncer sans hésiter à sa vie – laquelle est unique. C'est pourquoi les anciens ont dit que l'avarice est un autre visage de la lâcheté.

武

士

道

BÂTIR SA MAISON

Lorsqu'un guerrier en service officiel bâtit une maison, il convient qu'il lui donne une apparence extérieure – la porte, le corps de garde, le vestibule et le salon – en conformité avec son état de guerrier.

Voici pourquoi. Dans tout château, les gens venant d'autres lieux et d'autres provinces ne peuvent pénétrer que jusqu'au cercle externe de la ville et ne la voient que superficiellement. Si les demeures des guerriers sont jolies et paraissent paisibles, cela donnera une impression favorable du châtelain.

En dehors de cela, pour ce qui est des appartements d'habitation pour la femme, les enfants et autres, il convient de s'accommoder de quelque chose qui les mettra simplement à l'abri de la pluie, sans se soucier de sa laideur, afin de dépenser le moins possible pour la construction elle-même.

Voici pourquoi. En temps de guerre, le châtelain craint toujours d'être cerné et assiégé dans sa citadelle.

La règle veut donc que les demeures des guerriers des deuxième et troisième cercles soient basses, étroites et de construction légère. Cela vaut tout particulièrement pour les guerriers du cercle externe, car, comme en cas d'urgence ils brûlent leur propre maison, il est tout à fait inutile de bâtir des demeures destinées à être permanentes. Et donc, ce qu'on appelle construction extrêmement légère ce sont des cabanes juste bonnes à dormir dedans.

De ce point de vue, même en temps de paix comme aujourd'hui, les samouraïs qui cultivent la voie du guerrier ne doivent pas bâtir de demeures extravagantes comme s'ils devaient les habiter pour toujours.

De surcroît, en cas d'incendie, on doit pouvoir s'installer sur-le-champ dans une cabane convenable. Si vous négligez de prendre cela en considération et que vous fassiez des dépenses de construction excessives, ou que vous soyez prêt à vous endetter pour cela, cette attitude ne peut être qualifiée que d'excentrique.

侍

L'ÉQUIPEMENT MILITAIRE

Les guerriers en service officiel doivent entretenir un équipement militaire et des armes en conformité avec leur état. En font partie les articles qui figurent dans les codes militaires de chaque maison et ceux fixés par leur maître, comme les blasons individuels, les cimiers de casque, les blasons de lance, de fourreau et de sac – les blasons de reconnaissance de ce type doivent toujours être fournis à l'ensemble de la maison.

Si vous essayez de vous les procurer dans l'urgence, vous révélerez votre négligence coutumière ; alors, inutile de dire combien vous serez méprisé. Dans les anciens codes des maisons guerrières, il est dit que ceux qui sont tués par leurs propres alliés pour avoir négligé les blasons de reconnaissance sont morts pour rien. Il ne faut donc rien céder à la négligence.

Par exemple, supposons que vos serviteurs aient des sabres dont la lame est de bois ou de bambou parce que vous êtes persuadé qu'ils n'auront à tuer personne ; ou bien supposons que des écervelés se promènent sans pagne parce qu'ils sont convaincus qu'ils n'auront pas à s'en ceindre les reins, et que vous les laissiez aller ainsi. Vous seriez sans excuse.

Mais combien plus impardonnable serait un guerrier en service ! Peu importe que ce soit une époque sans guerre, celui qui reçoit un salaire pour ses services d'armes et manque à ses devoirs, oubliant de se munir de tous les équipements militaires et armes nécessaires, est cent fois plus négligent que ceux qui munissent leurs sabres de lames de bois ou de bambou ou que les jeunes et les écuyers qui ne portent pas de pagne.

Vous devez donc éviter scrupuleusement toute négligence en matière d'équipement militaire. Et pour cela, il y a plusieurs choses que vous devez comprendre.

Supposons qu'un guerrier de rang inférieur décide de s'équiper entièrement de neuf et soit disposé, par exemple, à dépenser trois pièces d'or pour un attirail complet. Il devra prévoir de dépenser les deux tiers de la somme pour l'armure et le casque, et utiliser le restant pour les sous-vêtements, caleçon, chemise, cotte de maille, veste de combat, fouet, éventail, ustensiles, sac d'attirail, gamelles, etc. Il est essentiel de préparer l'équipement nécessaire avec autant de soins que l'armure.

Plus encore si on est jeune et fort, il convient d'éviter une armure lourde, faite d'un métal épais, des étendards et un cimier de casque de grandes dimensions. Une armure adaptée à la force de la prime jeunesse devient inutilisable quand on avance en âge. D'ailleurs, aussi jeune que vous soyez, si vous êtes malade ou blessé sur le champ de bataille, même une armure de faible épaisseur ne manquera pas de vous peser et de vous harasser. C'est pourquoi je dis qu'il vaut mieux éviter une armure lourde.

Quant aux étendards et aux cimiers de grandes dimensions, quand vous les aurez utilisés dans toutes les batailles depuis votre jeunesse et qu'ils seront connus de tout le monde, il vous sera difficile de vous en débarrasser simplement parce que, avec l'âge, ils pèsent sur vos épaules.

武
士
道

ÉQUIPER SES SUBALTERNES

Un guerrier de rang inférieur ne peut commander un contingent nombreux de serviteurs, même en période d'urgence, donc il ne peut les armer chacun de plus d'une lance. Si cette lance vient à se briser, cela fera une lance manquante, et il importe donc de prévoir un fer de lance supplémentaire, adaptable à toute hampe dont on dispose sur le moment, même s'il s'agit d'une vulgaire canne de bambou.

De même, les sabres longs de fabrication robuste, même endommagés, donnez-les aux subalternes. Les armures avec casque de fer, donnez-les aux jeunes braves ; aux laquais et aux écuyers les plastrons, les vêtements de tête et les couvre-chefs de fer. Même si vous êtes un guerrier de rang inférieur, vous devez être sûr de les équiper d'une protection légère.

En outre, au cours d'un duel, un sabre pouvant frapper l'armure ou le casque, ceux-ci sont généralement endommagés. Il est donc essentiel d'avoir une lance. Aussi, quand vous êtes accompagné de vos subordonnés, il convient qu'un écuyer porte un sabre supplémentaire, tandis que le sabre de ce dernier est porté par un valet.

侍

LES GUERRIERS

Les guerriers sont des fonctionnaires dont le rôle est de punir les criminels qui perturbent l'ordre social et d'assurer la sécurité des trois autres classes. Aussi, même si vous appartenez à un rang inférieur, vous ne devez pas, en tant que guerrier, tromper ou maltraiter les gens des trois autres classes.

Imposer d'une manière déraisonnable les paysans et les épuiser à toutes sortes de corvées, faire travailler les artisans mais ne pas les rétribuer, acheter à crédit chez les commerçants et ne pas régler son compte, ou emprunter de l'argent et ne pas rembourser, ce sont de grandes injustices.

Si vous comprenez cela, vous ne manquerez pas de traiter les paysans de votre domaine avec compassion ; veillez à ce que les artisans ne soient pas ruinés, et remboursez vos emprunts aux commerçants, par petites traites si vous ne pouvez pas payer en une fois, de sorte qu'ils n'aient pas à en pâtir.

Pour un guerrier dont le devoir est de lutter contre le brigandage, il n'est pas acceptable qu'il agisse lui-même comme un brigand.

武士道

L'HUMILITÉ

IL Y A ENCORE CINQUANTE OU soixante ans, parmi les expressions relatives à la carrière des guerriers sans maître, « demander au moins un cheval supplémentaire » signifiait réclamer un salaire d'au moins cinq cents *koku* de riz (1 *koku* équivaut à 5,119 boisseaux). Demander « au moins une haridelle » signifiait réclamer trois cents *koku*, en évitant de le dire en beaucoup de mots. « Se voir accorder le port d'une lance rouillée », c'était avoir l'espoir d'obtenir une charge de cent *koku*.

Depuis cette époque, les usages anciens des guerriers survivent toujours, et ces expressions trouvent leur origine dans la répugnance à dire explicitement certaines choses. « Même s'il est affamé, un faucon ne mange pas de grain ; même s'il n'a pas dîné, un guerrier mâchonne un cure-dents », dit un proverbe de cette époque. Les jeunes gens ne parlaient pas de choses comme leurs revenus ou les prix des marchandises, et ils auraient rougi d'entendre parler de sexe.

Pour ceux qui se prétendent des guerriers, il est souhaitable qu'ils essaient d'imiter les usages des anciens guerriers, même s'ils n'y parviennent pas parfaitement. Si vous faites vôtre l'attitude de celui qui considère que « même si votre nez est tordu, tant que vous pouvez respirer avec, cela suffit », c'est perte de temps que de poursuivre davantage dans cette voie.

侍

CHOISIR SES AMIS

Un guerrier en service officiel a sans doute de nombreux collègues, mais il est naturel qu'il noue des relations d'amitié avec des guerriers braves, justes, intelligents et influents. Ils ne sont pas si nombreux dans ce cas, aussi n'y en aurait-il qu'un seul, s'il a aussi des liens avec vos autres amis, il peut vous être d'un grand secours en temps de besoin.

D'une manière générale, il ne convient pas, pour des guerriers, de manquer de discernement dans leurs amitiés, en sympathisant avec le premier venu, en buvant et dînant ensemble et en se faisant des visites fréquentes. Voici pourquoi.

Des guerriers ne peuvent devenir des amis que lorsqu'ils voient dans le cœur l'un de l'autre. Les guerriers ne se lient pas occasionnellement, juste pour le plaisir d'un moment ou d'une conversation agréable. S'ils perdent tout sens de la bienséance et se comportent avec familiarité, en chantant des nuits durant ; s'ils se sentent en si bons termes qu'ils se laissent aller à parler nonchalamment, ils pourraient bien se retrouver isolés, sans plus personne à qui parler. Si personne n'est là pour les réconcilier, ils peuvent finir par faire fi du problème, sans même l'amour-propre d'être francs dans leurs actes. Extérieurement, ils peuvent avoir l'apparence de guerriers, mais, d'un point de vue psychologique, ce sont de simples ouvriers. Il faut se garder de cela.

武
士
道

LES RELATIONS AMICALES

Pour un guerrier, s'enorgueillir de la confiance que l'on met en vous est en accord avec le code de la chevalerie. Néanmoins, si vous vous prévalez sans raison valable de ce crédit que l'on vous accorde, en attirant l'attention sur vous là où vous n'avez rien à faire, en vous chargeant de tâches qui ne vous concernent pas, alors on dira de vous que vous êtes un officieux, que vous vous mêlez de ce qui ne vous regarde pas. Cela n'est pas bien. Même s'il s'agit d'une affaire à laquelle vous croyez pouvoir participer, si on ne vous le demande pas, le mieux est de ne pas vous immiscer.

Voici pourquoi. En tant que guerrier, dès lors que vous avez accepté comme une faveur la demande qu'on vous a faite, vous devez prendre sur vous pour vous en acquitter, quoi qu'il vous en coûte. Selon le tour que l'affaire prendra, il n'est pas impossible que vous ayez à sacrifier votre propre vie pour votre maître, vos parents ou vos frères. C'est pourquoi je vous recommande de ne pas vous prévaloir sans bonne raison de la confiance dont on vous crédite.

Quand on demandait quelque chose aux guerriers d'autrefois, ils pesaient d'abord s'ils étaient capables de s'en acquitter et, si ce n'était pas le cas, ils déclinaient la demande. Même s'ils pensaient en être capables, ils n'acceptaient d'en prendre la responsabilité qu'après mûre réflexion. Ainsi, tout ce qu'ils avaient accepté était mené à bien sans erreur.

Aussi, il arrivait même qu'on leur demandât de jouer le rôle de médiateur.

En revanche, si vous accédez de bonne grâce à toutes les demandes, sans les réflexions nécessaires, et n'en tirez aucune conséquence quand vous échouez, vous vous ferez une réputation de bon à rien.

Ainsi donc, exprimer ses opinions ou faire des objections aux vues des autres, ce sont également des choses qui nécessitent réflexion. Bien qu'il importe peu que les gens du commun expriment trop fortement leurs opinions, quelles qu'elles soient, lorsqu'ils s'adressent à leurs parents, professeurs, frères, oncles, enfants, élèves ou neveux, un guerrier, en revanche, doit faire preuve de tact et de considération dans tout ce qu'il dit. Cela vaut d'autant plus quand il s'entretient avec ses amis et collègues ; le tact est encore plus de mise dans ces circonstances.

En outre, si quelqu'un vient vous demander conseil, lui opposer un refus catégorique au titre que cela dépasse votre capacité doit rester une exception. Si une personne vous a choisi comme confident, cela signifie qu'elle a mis en vous assez de confiance pour que vous puissiez rechercher la vérité et dire librement ce que vous pensez, quitte à ce que vos propos lui déplaisent.

Quoi qu'il en soit, si vous êtes pusillanime et craignez de dire la vérité, d'offenser ou d'indisposer, et que, pour cette raison, vous manifestiez plus de complaisance que de vérité dans vos paroles, conduisant les gens à dire des choses qu'ils ne devraient pas dire ou à faire des faux pas qui tournent à leur désavantage, alors vos conseils ne sont d'aucune utilité.

Enfin, si ce sont des gens dépourvus d'intelligence au point de rejeter vos conseils, des gens qui commettent des erreurs à cause de leur personnalité insouciante et suffisante, en insistant pour qu'ils fassent comme bon leur semble vous ne pourrez entretenir de relations amicales avec eux.

侍

ROMPRE DES RELATIONS

Un guerrier en service officiel peut avoir, parmi ses collègues, une personne avec laquelle il a rompu, pour quelque raison, toutes relations sociales. Dans le cas où leur maître leur a donné l'ordre de travailler ensemble, il doit se présenter directement à cette personne et lui dire :

« On m'a confié une mission à accomplir avec vous, et j'ai accepté cette mission. Bien que nous n'entretenions plus de relations sociales, puisqu'un travail commun nous est confié, je souhaite que nous puissions nous consulter librement l'un l'autre de sorte que ce travail officiel progresse sans entrave.

» Comme vous êtes mon aîné et que vous m'avez précédé dans ce travail, je sollicite votre direction dans tous les domaines. Toutefois, si demain on nous assignait d'autres tâches et que nous cessions de faire équipe, alors nous n'aurions plus rien à voir l'un avec l'autre. En attendant, je souhaite que nous nous consultions librement. »

Mettre les choses à plat et coopérer dans le travail, voilà ce qu'un guerrier doit faire. Cela est d'autant plus valable pour des collègues qui n'ont aucun différend entre eux – si vous travaillez ensemble, vous devez être en mesure de vous consulter en toute liberté.

Ainsi donc, supposons qu'une personne n'ait pas la bienveillance de s'assurer qu'un nouveau venu sans expérience réussisse à accomplir son travail, et, au contraire, qu'il se réjouisse de le voir commettre des erreurs. C'est une conduite méchante et infâme – c'est même inqualifiable ! Il ne fait aucun doute que des guerriers qui ont une mentalité de cette sorte se comporteront comme des lâches en temps de crise : ils déroberont les trophées de bataille de leurs compagnons et se les attribueront, ou ils tueront des hommes dans leurs propres rangs. C'est une chose dont il faut être clairement avisé.

武士道

LA GLOIRE

UN GUERRIER DOIT LIRE régulièrement les relations anciennes de manière à s'endurcir le cœur. Dans des ouvrages célèbres, comme *Kôyô Gunkan*, *Nobunaga-ki*, *Taikô-ki*, et dans les relations des batailles, sont mentionnés les noms de ceux qui se distinguèrent par leurs exploits, ainsi que le nombre total des morts. Parmi tant de milliers ou de centaines de morts, nombreux devaient être les samouraïs de haut rang dont les noms sont laissés sous silence parce qu'ils n'ont rien accompli qui mérite qu'on les signale. Seuls les guerriers qui se sont distingués par leurs hauts faits d'armes voient leurs noms cités, même s'ils sont de rang inférieur.

Pour ceux qui moururent ignominieusement et pour ceux dont la mort fut glorieuse, la souffrance fut la même quand ils tendirent leur cou à l'ennemi. Sachant cela, quitte à mourir quand la mort est inéluctable, un guerrier digne de ce nom se résoudra à le faire en héros, d'une manière qui saisira ses ennemis comme ses alliés et le fera regretter de ses maîtres et de ses chefs – un honneur inextinguible pour sa postérité.

À l'opposé, rester en retrait au moment de l'assaut, de manière à ne pas manquer d'être le premier à se replier, ou s'accroupir derrière ses camarades au milieu des flammes pendant le siège d'un château ennemi, les utiliser comme bouclier, puis être abattu par une flèche perdue, piétiné par ses propres alliés, et mourir comme un chien, perdre la vie, la chose la plus précieuse qui soit – voilà bien l'humiliation la plus terrible, et une situation regrettable. Il n'y a pire compromission pour un guerrier.

Ne perdez jamais cela de vue, efforcez-vous d'y réfléchir et de vous y exercer jour et nuit.

侍

FANFARONNADE ET CRITIQUE

Parmi les guerriers, certains se vantent et d'autres critiquent. Ils paraissent semblables, mais il faut savoir qu'ils sont très différents.

Voici pourquoi. Parmi les guerriers d'autrefois, nombreux étaient ceux qui avaient une réputation de fanfaron. Même chez les porte-bannière des shôguns, il y avait des fanfarons. En leur temps, une poignée de guerriers connus pour leurs fanfaronnades participèrent à l'établissement des maisons seigneuriales dans chaque province.

Ces vantards s'étaient tous distingués à maintes reprises au cours de leur carrière militaire, et n'avaient aucune faiblesse relativement au code du guerrier. Mais, sur les plans social et professionnel, ils étaient laissés dans l'ombre parce qu'ils faisaient parfois preuve de tant d'entêtement qu'ils n'avaient pas l'étoffe de conseillers. Leur salaire et leur situation n'étaient pas à la hauteur de leur réputation remarquable, aussi leur attitude devenait-elle insouciante, et disaient-ils tout ce qu'ils avaient envie de dire, quand ils avaient envie de le dire. Les suzerains et leurs hauts conseillers n'en continuaient pas moins de les ignorer comme s'ils étaient au ban de la société, ce pourquoi ils perdaient de plus en plus tout frein, pérorant sur les défauts et les qualités des gens sans retenue ni justification – vantards pour le reste de leur vie.

Pour les vantards d'aujourd'hui, ils n'ont même jamais revêtu une armure complète, et, dès qu'ils se trouvent entre connaissances, ils critiquent l'administration de leur maître ou la gestion du personnel par le conseil d'administration, sans oublier les commérages à l'envi sur leurs pairs et collègues. Des gens de cet acabit, crétins qui se prennent pour les plus malins, sont très différents des vantards d'autrefois. Ce qu'ils font est plutôt de la médisance ou du débinage.

武士道

LES VOYAGES

LORSQUE DES SAMOURAÏS EN service officiel voyagent, ceux qui sont de rang inférieur peuvent avoir à monter des chevaux de somme. Dans ce cas, ils doivent garantir leurs sabres long et court de manière qu'ils ne sortent pas de leur fourreau s'ils tombent de cheval. Et même, pour plus de sûreté, ils doivent en envelopper la garde dans des linges, par exemple. Il faut également nouer une corde autour du fourreau de la lance pour garder la pointe en sûreté. Si cela n'est pas fait, il ne s'agit pas simplement de négligence individuelle, car le bagage est marqué et identifie le nom du maître, si bien que les coutumes et les règles de la maison de votre maître montreront leurs faiblesses.

Toutefois, de nos jours, la coutume est de changer de chevaux dans les maisons de palefreniers. Si le cavalier qui vous précède est un samouraï, attendez qu'il soit descendu de cheval au moment où le palefrenier le demande, et mettez pied à terre à votre tour. Cela est préférable car, si vous le faites en premier et que vous attendiez là, mais que le premier cavalier décide de ne pas changer de monture, vous ne pourrez pas insister pour changer la vôtre. Et alors, même si vous avez déjà mis pied à terre, vous devrez remonter sur votre cheval par déférence envers l'autre homme.

Sur la route, à une rivière guéable, soyez sûr de pouvoir louer une embarcation pour traverser. Si vous traversez par vos propres moyens pour éviter une dépense modique, ou parce que vous croyez être aguerri à l'eau, et que votre cheval trébuche et trempe votre bagage, ou qu'un subalterne se blesse, vous aurez commis une bévue grossière.

Quant à ceux qui prennent le bac à Yokkaïchi ou s'embarquent à Awazu, pensant prendre un raccourci, ils sont fort inconscients. Si un grain vous surprend pendant votre traversée sur les bateaux de Kuwana – route que tout le monde emprunte –, vous êtes encore pardonnable. Mais si vous courez le risque de choisir un chemin détourné et que cela finisse mal, vous n'aurez aucune excuse.

Aussi, un poème ancien dit :

Le pont de la Flèche
Fût-il un raccourci de guerrier,
Si vous êtes pressé, faites un détour
Par le long pont de Séta.

Ce précepte ne vaut pas seulement en voyage ; il peut être appliqué en toutes circonstances.

侍

SE GARDER DE LA MÉDISANCE

POUR UN GUERRIER EN SERVICE officiel, il est fondamental de toujours être attentif à ne pas médire, même si vous voyez ou entendez de mauvaises choses à propos vos collègues.

Cela parce que vous ignorez les erreurs ou les malentendus dont vous êtes vous-même responsable. En outre, les cadres dirigeants et les officiers sont nommés par le suzerain qui vous emploie, selon les critères de sa perspicacité. Aussi dire du mal d'eux revient-il à calomnier votre maître.

Par ailleurs, il peut arriver que, pour quelque raison, vous ayez besoin des services de ces gens et deviez guetter le moment où ils sont bien disposés pour faire votre requête, les mains jointes et genoux à terre, en imposant le silence à cette bouche qui se laissait aller jusqu'à présent à la calomnie et à la critique. Quel qu'en soit le sujet, ce genre de propos ne devrait pas sortir de la bouche d'une personne qui se prétend un guerrier.

武士道

LA TUTELLE

PENDANT L'ÉPOQUE SENGOKU, si un guerrier tombait au combat après s'être distingué, ou s'il était blessé mortellement et finissait par mourir, le suzerain ou le commandant permettait en principe au fils de ce guerrier – s'il avait un fils, bien entendu – d'hériter de son emploi, sans contestation possible, ce garçon fût-il un nourrisson.

Toutefois, puisque l'enfant était trop jeune pour combattre, si le frère cadet de son père n'avait pas d'emploi, il pouvait être nommé par le suzerain pour succéder temporairement à son aîné et s'occuper du jeune héritier jusqu'à sa majorité. C'est ce qu'on appelle la tutelle.

Il existe un ancien code pour la tutelle. Si vous succédez à votre frère aîné dans ces circonstances, il est évident que vous devez considérer votre neveu comme votre propre fils et l'élever avec une affection sincère.

Or, si vous succédez à votre frère aîné, il est essentiel que vous rassembliez tout l'équipement militaire, le harnachement des chevaux et autres accessoires divers, pour en faire un inventaire détaillé et écrit devant la famille et en présence de deux ou trois personnes extérieures.

Quand le garçon atteint l'âge de quinze ans, vous devez rédiger une lettre demandant que la position que vous occupez lui soit transmise, de sorte qu'il lui soit permis d'entrer en fonctions l'année suivante, à ses seize ans, et qu'il assume ses devoirs de chevalier, malgré sa jeunesse.

Alors, selon votre rang, il n'est pas impossible qu'on vous réponde que votre requête est fondée mais que vous devez continuer à occuper votre poste deux ou trois années supplémentaires parce que votre neveu est encore trop jeune. Refusez, aussi pressante que soit l'insistance qu'on vous oppose. Puis, quand on accède à votre demande, remettez au fils tous les effets de son défunt père, tels qu'ils sont enregistrés dans l'inventaire établi à votre prise de tutelle. Si des acquisitions ont été faites entre-temps, vous devez également les céder ; consignez-les par écrit et remettez-les à votre neveu.

D'autre part, si, comme nous l'avons dit, on vous demande de rester à la tête de la famille, on pourra vous suggérer que, sur le salaire initial de cinq cents *koku*, trois cents soient donnés à votre neveu tandis que vous garderez pour vous la différence, si vous conservez la tutelle quelques années. Dans ce cas, exprimez votre gratitude, mais dites aussi votre préoccupation à propos de la diminution des émoluments de la maison principale. Vous demanderez que le montant total du traitement de votre défunt frère aîné aille à votre neveu, tandis que vous vous retirerez.

Tel devrait être l'objectif d'un guerrier ayant une charge de tuteur. En revanche, refuser de céder votre place à la tête de la famille à votre neveu quand il atteint l'âge d'entrer en service, ou, si vous cédez votre place, dilapider l'héritage pendant votre tutelle, quitter la maison en la laissant en désordre et sans faire les réparations nécessaires, vous décharger d'emprunts et de dettes que votre frère n'avait pas contractés, voire importuner votre jeune neveu pour la nourriture et l'argent, ce sont des conduites qui dénotent une absence complète de scrupules.

侍 FAIRE FACE À LA MORT

Le premier souci d'un guerrier, quel que soit son rang, c'est la manière dont il fera face à la mort. Aussi éloquent et intelligent que vous puissiez paraître, si vous perdez tout sang-froid à l'instant de mourir et que vous passiez à trépas d'une manière indécente, votre bonne conduite passée aura été vaine, et vous serez méprisé par les gens sérieux. C'est une chose très infamante.

Un guerrier n'accomplit de hauts faits d'armes sur les champs de bataille et ne mérite les plus grands honneurs qu'après avoir accepté l'idée qu'il allait mourir. Pour cette raison, s'il a la malchance de perdre un combat, quand son adversaire est sur le point de lui trancher la tête et qu'il lui demande son nom, il s'identifie clairement et tend la tête en souriant, sans broncher.

En revanche, si la blessure est si grave qu'aucun chirurgien ne peut la soigner, la meilleure chose à faire pour un guerrier est de parler sans détour à ses supérieurs et à ses camarades, de soigner ses blessures tant qu'il est conscient et de mourir paisiblement.

En considérant la mort sous cette lumière, même en temps de paix, un jeune guerrier – pour ne rien dire d'un plus âgé – devrait se préparer mentalement à l'éventualité d'une blessure grave, afin de pouvoir quitter cette vie sans regrets. Cela vaut, bien entendu, pour un fonctionnaire de haut rang, mais, même s'il est un petit fonctionnaire, il doit appeler son supérieur tant qu'il est en état de parler, le remercier et demander pardon, et lui annoncer sa fin imminente. Cela fait, il doit encore faire ses adieux à sa famille et à ses amis, convoquer ses enfants et leur dire : « Mourir d'une blessure, même après de longues années au service du suzerain, ce n'est pas l'ambition d'un guerrier, mais on n'y peut rien. Bien que vous soyez jeunes, suivez ma voie ; et, si la cause est juste, soyez prêts à servir le suzerain de toutes vos forces, toujours loyaux et soumis, travaillant dur en service. Si vous violez ce pacte et agissez déloyalement ou injustement, soyez certains que je vous désavouerai, de là où je serai, à l'ombre de l'herbe. »

C'est le devoir d'un guerrier véritable de faire une dernière déclaration. Car comme un homme sage, semble-t-il, l'a dit : « Quand les gens sont à trépas, laissez leurs paroles être justes. »

Ce qui est décrit ci-dessus est, à proprement parler, la manière dont un guerrier doit mourir. À l'opposé, si vous combattez la mort en refusant d'admettre que votre blessure soit mortelle, ravi quand quelqu'un la minimise et plein de rancune contre celui qui soutient qu'elle est grave, que vous mettiez les médecins dans l'embarras, interdisiez les prières et les vœux, égaré dans la confusion de votre pensée, et que vous ne fassiez pas de dernière déclaration bien que votre mal s'aggrave – sachez qu'un chien ou un chat ne meurent pas autrement. Gâcher de cette manière votre dernière et unique heure, c'est une façon bien négligée de mourir, qui résulte de l'échec à garder chaque instant la mort présente à l'esprit – comme il est recommandé au début de ce livre –, parce qu'on déteste apprendre la mort des autres, qu'on se croit immortel, qu'on est plein de désirs et avide de la vie. Si votre comportement sur le champ de bataille montre autant de lâcheté, il vous sera impossible d'avoir une mort superbe en l'honneur de la loyauté et du devoir.

C'est pourquoi ceux qui cultivent la voie des guerriers, même s'ils meurent de maladie dans leur lit, parlent de la mort comme de « l'événement capital d'une vie ».

Troisième Partie

武
士
道

LE SERVICE

QUAND VOUS ÊTES EN SERVICE, si votre suzerain connaît des difficultés financières en raison de grandes dépenses, il peut être contraint de vous demander un emprunt sur vos salaires pendant quelques années. Que la somme soit petite ou grande, dès lors que vous avez accepté, ce n'est pas une attitude digne d'un guerrier de se plaindre au premier venu des privations et des difficultés que cela vous impose, même dans une conversation avec votre épouse et vos enfants.

Voici pourquoi. Depuis les temps anciens, et aujourd'hui encore, c'est une règle bien établie dans les maisons guerrières que les vassaux se rassemblent et apportent leur soutien au suzerain quand il connaît l'adversité, et, pour un suzerain, qu'il aide ses vassaux en difficulté. Quand un suzerain a des soucis financiers, cela a des répercussions sur les domaines publics. Les choses mêmes qu'un suzerain est censé assurer, comme relevant de son autorité, sont toutes annulées. Pour les vassaux, c'est une situation angoissante et consternante de voir leur suzerain incapable d'assumer ses devoirs.

La vie ordinaire continue, mais s'il se produit des troubles aux frontières – comme cela peut arriver à tout moment – et que l'ordre est donné de se rendre en mission là-bas, quand on en vient aux préparatifs, l'argent est la première chose nécessaire. Lorsqu'un jeune suzerain se trouve dans une impasse et, malgré son intelligence, n'a aucun moyen de lever des fonds, tandis que les autres barons font les préparatifs pour un déploiement imminent, vous devez aussi être présent, même si votre contingent est pauvrement préparé.

En temps de paix, un cortège militaire défilant devant des gens de toutes les classes est considéré comme un spectacle de choix. S'agissant d'une parade, si l'apparat des hommes et des chevaux de votre maison est inférieur aux autres, ce sera inconvenant, et la honte de toute une vie pour le suzerain et le commandant. Eu égard à la gravité de la situation, les guerriers de l'établissement, grands et petits, novices et vétérans, tous doivent renoncer à une partie de leur salaire, en fonction de leurs moyens.

Par conséquent, durant ces années où votre revenu sera réduit, vous devez économiser consciencieusement dans tous les domaines, en diminuant le nombre de vos gens et de vos chevaux, en portant des vêtements de papier et de coton en hiver, de chanvre l'été, en vous nourrissant de mauvais riz et de soupe de miso au son matin et soir. Puisez l'eau et fendez le bois vous-même ; faites faire la cuisine à votre épouse. Endurez les privations autant que vous le pourrez, tendu vers l'objectif que les finances seigneuriales soient rétablies ; telle doit être la motivation fondamentale de votre service.

Par ailleurs, pendant cette période de privations, il se peut que l'on vous confie des devoirs spéciaux et, donc, que vous ayez des dépenses exceptionnelles à assumer. Vous devez parer à ces frais par vos propres moyens, sans emprunter d'argent, quitte à mettre en gage votre sabre de rechange et la boîte à bijoux de votre épouse. Vous aurez ainsi soin d'éviter que les autres ne parlent, car même si le suzerain n'en a pas vent, les anciens de l'établissement pourraient vous mépriser, pensant que vous vous conduisez d'une manière indigne d'un guerrier parce que votre salaire est réduit.

侍

LE VASSELAGE

UN GUERRIER QUI ACCEPTE UN salaire d'un suzerain pour servir comme samouraï ne peut accomplir ses devoirs tant qu'il considère comme siens son corps et sa vie.

Voici pourquoi. Il y a deux sortes de personnes au service des maisons guerrières. Au niveau inférieur, les laquais et les écuyers sont occupés jour et nuit et travaillent dur, mais aucun contrat ne les oblige à sacrifier leur vie pour le suzerain. Par conséquent, s'ils se montrent peu vaillants sur le champ de bataille, ils n'auront aucun opprobre particulier à subir pour cela. Aussi peut-on dire que ce sont des employés qui vendent leur corps.

Un guerrier, en revanche, consacre toute sa vie à son emploi. En effet, la seigneurie étant à l'origine une charge guerrière, un seigneur, en cas d'urgence, est censé fournir une milice correspondant à sa position.

Par exemple, un seigneur possédant un fief de cent mille *koku* doit officiellement fournir une milice de cent soixante-dix cavaliers, soixante archers, trois cents artilleurs à pied, cent cinquante lanciers et vingt porte-bannière. Le nombre d'hommes apportés en sus des contingents officiels dépend des capacités et de la volonté du commandant.

En outre, lorsqu'une milice de cet ordre prend le chemin du champ de bataille, des hommes en quantité suffisante doivent être laissés au château pour en assurer la protection et le protéger d'un siège. Aussi, même si un grand nombre d'hommes n'est pas toujours nécessaire, beaucoup sont entretenus. Parmi les nombreux guerriers d'une maison, certains peuvent être nés avec un handicap physique, d'autres peuvent sembler manquer de détermination, mais ils sont considérés avec bienveillance et leur titre héréditaire peut être autorisé.

Par conséquent, en tant que vassal, il faut être reconnaissant au suzerain des relations privilégiées qu'on entretient avec lui parmi tous les seigneurs provinciaux et locaux du Japon. Même si vous avez un revenu modeste de cent *koku*, au bout de dix ans, cela fait mille *koku* de riz. Ainsi, si vous calculiez tout le riz que votre famille a reçu depuis l'époque de vos ancêtres jusqu'à aujourd'hui, à quelle quantité cela équivaudrait-il ?

Pour payer en retour cette faveur de votre suzerain, si vous vous contentez d'acquitter vos devoirs de garde, d'escorte ou d'émissaire – tâches qui, en temps de paix, consistent à poireauter sans rien faire –, rien n'est plus médiocre ; on ne peut sûrement pas parler de service éminent.

À tout moment, pourtant, il peut y avoir une urgence ; l'essence du devoir chevaleresque est alors de décider à part soi, en prenant à témoin le dieu de la guerre, que vous ne laisserez personne faire ce que vous devez seul assumer, que ce soit de conduire la charge comme premier lancier, un siège comme premier conducteur de char ou une retraite de l'arrière-garde lorsque votre côté subit un revers, ou encore, en fonction de votre grade, de faire barrière de votre corps aux flèches ennemies pour protéger votre seigneur ou votre commandant, voire de mourir sans reculer d'une mort héroïque au combat.

En tout cas, lorsque vous êtes maître de ces devoirs, votre corps et votre vie ne vous appartiennent plus. Ne sachant jamais à quel moment votre seigneur peut avoir besoin de vous, vous prenez grand soin de vous, en évitant les habitudes nuisibles à la santé comme les excès de nourriture et de boisson, et la promiscuité sexuelle. Ne considérez pas comme un objectif légitime de mourir dans votre lit, mais à l'inverse vous ne provoquerez pas de querelle au risque de tuer vos camarades et de perdre votre propre vie – vous devez renoncer à ce type de comportement irresponsable et déloyal.

À cette fin, le mieux est de ne pas parler inconsidérément. Les disputes naissent des paroles immodérées, et quand les mots montent on ne peut éviter les propos offensants. Lorsque deux guerriers en viennent à échanger des injures, il n'y a aucun moyen que cela s'achève sans incident.

C'est pourquoi un samouraï loyal et soumis, ou que l'on considère comme intelligent, est celui qui a conscience de cela, qui se contient et s'abstient de s'engager dans une querelle, car il se souvient qu'il a déjà voué son corps et sa vie à son suzerain.

武

士

道

LES CHARGES DES GUERRIERS

D'UNE MANIÈRE GÉNÉRALE, LES devoirs officiels des guerriers sont de deux sortes : le combat et la construction.

Quand le monde est en guerre, batailles et escarmouches se succèdent ici et là jour après jour – un guerrier ne connaît pas un instant de repos.

La construction est liée aux opérations militaires : une forteresse ici, une douve là, une barricade, un fort, un poste avancé. Pour une construction d'urgence, les travaux harassants de tous ordres peuvent se poursuivre jour et nuit et requièrent énormément d'efforts.

Il n'y a pas de combat en temps de paix et, donc, aucune construction à réaliser. C'est pourquoi les guerriers sous commandement militaire, grands et petits, sont affectés à des tâches diverses, de garde, d'escorte, d'émissaire, etc.

Les gens pensent que ces charges civiles constituent le vrai travail d'un samouraï, mais ils oublient le combat et la construction, qui sont ses devoirs fondamentaux. Lorsque, pour un projet public, le shôgun demande, même rarement, l'assistance des barons, et que le coût, qui est important, est réparti entre les samouraïs de leurs établissements, de sorte que chacun en assume une petite partie, le ressentiment et les grincements de dents de ceux-ci, pour qui c'est une dépense injustifiée, proviennent de l'ignorance que le combat et la construction sont les devoirs fondamentaux de la chevalerie.

Concernant les devoirs ordinaires de garde, d'escorte ou d'émissaire, si vous trouvez que ce sont des tâches terriblement ennuyeuses à accomplir tous les jours, et que vous feigniez la maladie pour vous en décharger sur vos collègues sans y réfléchir à deux fois ; ou dans le cas d'une mission d'émissaire, pour laquelle vous devez voyager, si vous êtes peu disposé à prendre en charge les frais de voyage et à endurer les peines de la route, et, par conséquent, que vous feigniez la maladie pour vous en décharger, aux dépens de vos collègues, totalement indifférent à leur mépris ; ou encore, même si la destination de votre mission est proche, si vous vous permettez des récriminations inutiles à portée de voix de vos collègues, sur l'obligation de sortir deux fois dans la journée ou de sortir sous la pluie, et que vous vous comportiez mal au moment où le travail est le plus pénible – alors vous êtes semblable à un laquais ou à un écuyer affublé de la peau d'un samouraï.

Quand les guerriers nés pendant l'époque Sengoku allaient au combat, le soleil brûlant tapait sur leur armure en été, et le vent glacial leur traversait le corps en hiver. Ils étaient trempés sous la pluie, recouverts par la neige. Ils dormaient par monts et par vaux avec les bras de leur armure pour oreiller, et, pour tout repas, ils n'avaient que du mauvais riz et de la soupe salée. Sur les champs de bataille, dans les châteaux assiégés ou en défendant les citadelles, ils souffraient et trimaient : ils ne connaissaient que les situations d'urgence et jamais le repos.

Considéré de ce point de vue, c'est une grande chance de naître en période de paix : nous tendons les moustiquaires en été, nous nous enveloppons dans nos vêtements de nuit et des couvertures piquées, nous mangeons ce dont nous avons envie matin et soir et vivons dans la paix et le confort. Aussi n'avons-nous aucune bonne raison de considérer comme des corvées les devoirs de garde, d'escorte locale ou d'émissaire.

On raconte qu'un guerrier célèbre connu sous le nom de Maître Archer avait affiché sur un mur de sa maison une sentence de six mots qu'il s'appliquait à mettre en pratique chaque jour : « Toujours sur le champ de bataille ». Je note cela pour l'édification des guerriers novices.

侍

LA DISCRÉTION

SI EST PRÉSENTÉ QUELQU'UN AVEC une veste ou un costume portant le blason de son suzerain, lorsque c'est la veste qui le porte, il doit porter un costume avec son blason personnel ; et lorsque c'est le costume, c'est sa veste qui doit porter le sien. Il serait discourtois envers son suzerain s'il portait le blason de celui-ci à la fois sur sa veste et son costume, parce que c'est la manière dont les parents du suzerain s'habillent.

Lorsque la veste ou le costume qu'a reçu cette personne est trop usé pour être porté, le blason du seigneur doit être découpé, puis brûlé. Cela afin de ne pas souiller le blason du seigneur.

En outre, lorsque, dans la maison d'un collègue de votre voisinage, il y a une maladie grave ou qu'un événement tragique s'est produit, vous devez éviter soigneusement de rire fort, de chanter ou autres choses de cet ordre, même si vous n'êtes pas des proches de cette maison. Vous devez aussi demander à votre épouse et à vos enfants de faire de même. Il ne s'agit pas tant de ce que pourrait penser cette personne en particulier, mais de discrétion, de la honte d'être méprisé par ses pairs pour son manque de considération et de manières.

武

士

道

L'EXPRESSION VERBALE

QUAND UN GUERRIER EN SERvice se voit confier par son suzerain un travail important, il ne doit pas manquer de dire : « Cette tâche officielle que vous me confiez, à moi parmi tous les hommes de l'établissement, est le destin qui convient à un guerrier ; je vous en suis reconnaissant. Je l'accepte, bien sûr, avec plaisir. » Accepter avec tiédeur, en revanche, n'est pas bon du tout.

Voici pourquoi. Même si vous êtes déterminé à accomplir avec bravoure et d'une manière louable pour votre suzerain la tâche qui vous est confiée, comme l'issue d'un duel repose en partie sur la chance, vous pouvez échouer et même être tué quand l'homme que l'on vous a envoyé exécuter résiste. En aucun cas vos collègues ne vous jugeront, en bien ou en mal, après coup.

Si les choses tournent à votre avantage, les gens chanteront vos louanges, diront que, même si vous paraissiez capable de vous acquitter de ce travail dès l'instant où vous l'avez accepté, vous l'avez encore accompli de superbe manière. Au contraire, si vous échouez et êtes tué, les gens relèveront la manière dont vous vous y êtes pris et exprimeront leurs regrets, diront que vous ne sembliez pas susceptible d'échouer et se demanderont ce qui s'est passé.

En revanche, si vous avez montré ne serait-ce qu'une infime hésitation au moment d'accepter, même si vous vous en tirez très honorablement, personne ne vous en saura tellement gré ; les gens diront que vous avez eu de la chance. Et si vous échouez, ils vous calomnieront, diront que l'on pouvait douter de votre succès dès l'instant où vous avez accepté – échec qui s'est produit, en effet.

C'est pourquoi vous devez toujours accepter une mission de bonne grâce, sans montrer la moindre hésitation.

Le premier souci de tout samouraï est de ne jamais faire de faux pas, ni se tromper en rien. Par exemple, si on réclame votre aide avec instance, réfléchissez soigneusement afin de savoir si ce qu'on vous demande est faisable ou non. Si vous croyez que cela ne l'est pas, c'est une autre affaire, mais si vous êtes sur le point d'accepter, alors faites-le sans barguigner.

Comme dans le cas précité, même si une demande paraît excessive, si vous hésitez et donnez l'impression d'accepter à contrecœur, votre interlocuteur sera découragé et pensera, avec rancune et amertume, qu'il préférerait être en mesure d'éviter de vous demander cette faveur à vous plutôt qu'à tout autre. Agir de cette sorte dénote un manque de caractère et de l'irrésolution. De tous les échecs, c'est le plus grand.

侍

L'HISTOIRE DE LA MAISON

Des samouraïs en service, même novices, pour ne rien dire des vétérans, doivent s'enquérir auprès des aînés de façon à être bien informés sur les origines de la maison de leur suzerain, de ses ancêtres, de sa famille, de ses proches et même de ses collègues distingués dans l'établissement qui sont inconnus dans le monde extérieur.

La raison de cela est que lorsque vous rencontrez des gens d'autres établissements et vous entretenez avec eux, si vous dites, lorsqu'on vous interroge sur la maison de votre suzerain, que vous n'en savez rien, même si vous avez l'air dans l'ensemble d'un bon travailleur, on aura une piètre impression de vous.

武士道

L'ESCORTE

QUAND UN SAMOURAÏ EN SERvice accompagne son suzerain en voyage, lorsqu'ils arrivent à un relais, il doit parler aux gens de la région, déterminer les points cardinaux d'après la position des montagnes, des forêts, des temples, des lieux de pèlerinage visibles aux alentours, quel terrain est découvert et dans quelle direction à partir du camp, et dans quel état est la route. Il est essentiel de faire des reconnaissances et de prendre des décisions avec certitude avant que la nuit tombe. Comme cela, au cas où un incendie se déclarerait au milieu de la nuit, contraignant le suzerain à fuir, le samouraï peut prendre la tête et ouvrir le chemin.

Toutefois, lorsque vous servez comme escorte à pied, ne manquez pas de devancer votre suzerain en gravissant les côtes et de rester en arrière quand vous les redescendez. Cela peut paraître insignifiant, mais fait partie de votre service.

Que ces quelques exemples vous servent d'indices pour réfléchir au meilleur moyen de vous acquitter de votre tâche quand vous êtes en service. L'objectif premier d'un samouraï doit être de se concentrer sur cela et d'y travailler avec zèle jour et nuit.

侍 LES FONCTIONNAIRES

UN DICTON POPULAIRE DIT : « Les vestes blanches sont comme les fonctionnaires, les neuves sont les meilleures. » Ce n'est qu'une plaisanterie mais il semble qu'elle recèle une part de vérité.

Une veste blanche est belle tant qu'elle est neuve mais, quand elle a été portée quelque temps, elle commence à se salir au col et aux poignets, et bientôt elle devient grise, sale et laide.

Cela vaut également pour les fonctionnaires. Débutants dans leurs fonctions, ils sont naïfs en toute chose, suivent scrupuleusement les ordres de leur suzerain, prennent grand soin des choses les plus insignifiantes. Ainsi, ils sont très attentifs à ne pas rompre leur serment d'allégeance et s'acquittent de leurs devoirs d'une façon irréprochable.

Pourtant, même ceux qui ont ainsi mérité les louanges de tout leur établissement pour leur générosité, leur droiture, la qualité de leur service peuvent, avec le temps, n'être plus que d'une efficacité superficielle, quand ils ont occupé la même fonction pendant longtemps et qu'ils en connaissent toutes les ficelles. Alors, ils peuvent commettre une erreur qu'ils n'auraient jamais commise quand ils étaient débutants.

Des fonctionnaires débutants, en outre, renvoient sans tarder les présents que les gens leur font, comme le veut leur serment d'allégeance. Ou bien, s'ils acceptent un présent, ils en font ensuite un autre d'égale valeur. En tout cas, ils agissent honnêtement. Mais, même ainsi, avant qu'ils en prennent conscience, leur sens des valeurs s'est gauchi. Tant qu'ils occupent leurs fonctions, ils espèrent en tirer quelque chose. Ils réfléchissent que, s'ils renvoient sur-le-champ un présent pour la simple raison qu'ils n'en ont jamais accepté jusque-là, ils n'auront peut-être plus d'autre chance.

Cette motivation secrète apparaît sur leur visage et dans leur façon de parler, et les gens sont assez perspicaces pour s'en apercevoir. En apparence, ils feignent de ne rien voir, mais ils réussissent à « faire des dons » autant qu'ils le souhaitent grâce à des contacts internes ou d'autres moyens. En retour, ils parviennent à flouer les autorités et obtiennent un traitement de faveur. Cette corruption, c'est comme le signe que la veste blanche est en train de devenir gris souris.

Pourtant, la veste souillée de graisse, de saleté et de poussière, il suffit de la laver avec une bonne lessive pour qu'elle redevienne propre. En revanche, quand le cœur humain est altéré par toutes sortes de choses qui le salissent, un simple lavage et rinçage – pour ainsi dire – ne peut pas le purifier. Une veste blanche, qui plus est, peut n'être lavée qu'une ou deux fois par an, tandis que le cœur humain, vous aurez beau le laver vingt-quatre heures sur vingt-quatre, quoi que vous fassiez, en toutes circonstances, il se salira encore très facilement.

Il existe une grande quantité de lessives utilisées pour laver les vestes blanches. De même, il existe différentes manières, semblables à la lessive, de nettoyer le cœur des guerriers. Quelles sont-elles ? Ce sont la loyauté, le devoir et le courage. Certaine crasse est enlevée par la lessive de la loyauté et de la fidélité, et certaine crasse ne résiste pas à la lessive du devoir. Quand une tache demeure obstinément même après qu'elle a été lavée avec la loyauté et rincée avec le devoir, alors utilisez la lessive du courage et faites l'effort de frotter avec détermination. C'est le secret auquel les guerriers recourent en dernier lieu pour purifier leur cœur.

武士道

EMPRUNTER L'AUTORITÉ ET USURPER L'AUTORITÉ

POUR UN GUERRIER EN SERVICE, une chose est d'emprunter l'autorité de son suzerain, autre chose est d'usurper son autorité. De même, pour un suzerain, une chose est de prêter son autorité à un serviteur, autre chose est de voir son autorité usurpée par lui.

Supposons qu'un travail important soit confié à un guerrier jeune ou de rang inférieur ; selon la coutume de son établissement et les conditions de l'époque, il pourra travailler sous la protection de l'autorité de son suzerain. Puisque c'est avant tout dans l'intérêt de son suzerain, il demande provisoirement son autorité pour conduire les affaires. C'est ce qu'on appelle emprunter l'autorité du suzerain.

Dans ce cas, quand le samouraï a satisfait les besoins des gens et s'est occupé des affaires du suzerain, il doit rendre cette autorité sans tarder et retourner humblement à son travail avec l'autorité appropriée à son poste. Si, toutefois, le fait d'être traité avec les honneurs et d'avoir du pouvoir le rend avide, il s'arrogera en fin de compte le droit de conserver l'autorité empruntée. C'est ce qu'on appelle usurper l'autorité du suzerain.

Néanmoins, confier son autorité à un serviteur afin d'asseoir son pouvoir est une chose que font nombre de chefs avisés et de commandants sages. C'est ce qu'on appelle prêter son autorité à un serviteur. Les problèmes surviennent lorsque le suzerain ne réclame pas la restitution de son autorité dès que la tâche est accomplie, et l'abandonne indéfiniment. Par la suite, il lui sera difficile de la récupérer, car, de fait, son autorité a été usurpée. C'est ce qu'on appelle être spolié de son autorité par un serviteur.

Ce n'est pas seulement une avanie personnelle et professionnelle importante pour le suzerain, c'est aussi une source de beaucoup de préjudices et de pertes. Si un serviteur acquiert trop d'influence, l'autorité et la dignité du suzerain seront naturellement affaiblies. Toute chose viendra à dépendre du serviteur, et les guerriers de l'établissement en concluront qu'il leur suffira d'obtenir l'assentiment de ce serviteur pour avoir un accord officiel. Ils considéreront donc comme essentiel de s'insinuer dans ses bonnes grâces, et ils auront une piètre opinion du suzerain.

Ainsi le seigneur et sa suite se retrouveront-ils isolés, si bien qu'il n'y aura naturellement aucune chance que des samouraïs loyaux et soumis fassent leur apparition dans cet établissement. Et dans le cas où un incident politique surviendrait, il n'y aurait personne de valeur pour prendre les choses en main.

En outre, quand même les officiers les plus proches du suzerain et les samouraïs en service civil, pour ne rien dire des guerriers qui occupent des postes plus périphériques, sont étouffés par l'autorité de ce seul homme et, bien qu'ils sachent que ce n'est pas bon pour le seigneur, craignent tous de protester, aucun ne souhaitant se mettre en avant ni que le seigneur l'apprenne, bien qu'ils soient offensés et s'en plaignent à demi-mot, en vérité, à leurs amis intimes, alors il n'y a aucun moyen que le suzerain apprenne les manœuvres arbitraires, les traitements de complaisance et l'enrichissement personnel de cet homme.

En conséquence de cette ignorance, le suzerain croit que tout ce que fait l'homme est bien. Le suzerain sera inévitablement critiqué par la société à cause des problèmes qu'il se sera créés par sa propre négligence et aussi par son incapacité à juger autrui – faute inacceptable chez une personne en position de suzerain et de commandant des armées.

Pour comble, cet homme, ne redoutant ni les yeux ni les oreilles du suzerain, aura encore moins de considération pour les opinions et les sentiments de ses collègues. Il soudoiera les petits fonctionnaires, emploiera les fournitures seigneuriales comme présents à ses amis et conservera pour lui les cadeaux offerts en retour, et il divertira ses invités avec des festins provenant du garde-manger du suzerain. Puisqu'il agit comme si les biens du suzerain lui appartenaient et qu'il garde pour lui ses propres biens, les finances du suzerain finissent par s'en ressentir. C'est une des pertes encourues par un suzerain qui se laisse déposséder de son autorité.

Cela bien compris, puisque notre suzerain nous fait l'honneur de sa généreuse considération, il est essentiel que nous soyons toujours dévoués, que nous refrénions une fierté excessive et que nous servions de manière à mettre au premier plan l'autorité et la dignité du suzerain à tous les égards. Il est fondé le vieil adage qui dit : « Un serviteur loyal sait qu'il a un maître ; il ne sait pas qu'il a un moi. »

侍

LES EXACTIONS

POUR DES GUERRIERS EN SERVICE public, les devoirs relatifs aux finances sont les plus délicats. Car il est difficile pour quelqu'un ayant une intelligence et des capacités ordinaires de subvenir aux frais du suzerain sans soumettre à rude épreuve les hauts et petits fonctionnaires de l'établissement, les gens qui vivent dans la ville autour du château et les paysans des villages. Quand vous ne vous préoccupez que des intérêts du suzerain, vous causez de l'embarras à ceux qui se trouvent en dessous, mais si vous essayez de contenter uniquement ces derniers, les finances du suzerain en pâtissent. Ainsi, les deux extrêmes sont problématiques.

Qui plus est, peu importe l'habileté et le talent originels d'un guerrier, son esprit peut facilement être infecté par la maladie de la cupidité. Aussi, si quelqu'un a la haute main sur le financement des frais seigneuriaux, la charge du personnel de l'établissement, et gère l'argent, il peut, au bout d'un certain temps, commencer à s'enfler d'importance et vouloir s'établir sur un grand pied. Alors, il détourne habilement des fonds du suzerain, se fait bâtir une demeure extravagante, acquiert des meubles de prix et reçoit avec prodigalité. Une telle personne est appelée un ministre voleur.

Maintenant, supposons qu'une personne élabore un nouveau règlement, différent de celui des générations précédentes, en soutenant que c'est pour le bien du suzerain, sans reconnaître les épreuves qu'elle fait endurer à l'ensemble de l'établissement, imposant des devoirs excessifs aux citadins et accablant de lourds impôts les paysans des villages, entravant peut-être des mesures à venir, et sans se soucier aucunement des conséquences possibles pour les paysans, car cette personne ne songe qu'aux profits immédiats, abuse les doyens et les officiers de l'établissement les moins avisés et obtient grâce à eux des augmentations et des décisions injustifiées. Si le nouveau règlement est inefficace et ne donne pas les profits escomptés, il accusera de gabegie lesdits doyens et officiers, restant dans leur ombre pour éviter tout reproche et s'assurer qu'il n'aura lui-même à supporter aucun inconvénient. Une personne de cet acabit est appelée un ministre prévaricateur.

Dans le cas d'un ministre voleur, même s'il vole son seigneur et se comporte d'une manière indigne d'un guerrier, quand le Ciel le punit et qu'il est découvert, il perd la vie. Une fois que l'individu est tombé, le problème est résolu : il ne peut plus occasionner ni privations ni désagréments, il n'est plus en mesure de faire obstacle à l'administration et il ne causera plus de torts au pays.

Quant au ministre prévaricateur, il crée des problèmes à tout le monde, car il adopte des politiques irrémédiables qui interfèrent avec le gouvernement du pays. Même s'il n'opère pas de détournements de fonds pour son compte, son crime est pourtant plus grave. C'est pourquoi, comme le dit un sage d'autrefois : « Mieux vaut un ministre voleur qu'un ministre prévaricateur. »

Pour un samouraï, il peut sembler que rien ne soit plus honteux que de se faire une réputation de ministre voleur, mais, comme nous le comprenons dans l'adage qui vient d'être cité, le crime le plus grave est celui du ministre prévaricateur. Par conséquent, si le châtiment d'un ministre voleur est la décapitation, un ministre prévaricateur, lui, doit être crucifié. Quoi qu'il en soit, c'est précisément parce que, dans les temps anciens, on distinguait les ministres voleurs des ministres prévaricateurs que l'on disait qu'un voleur vaut mieux qu'un prévaricateur. Plus récemment, les ministres prévaricateurs agissent aussi comme des ministres voleurs ; ils feignent en surface de s'occuper des intérêts du maître, mais ils travaillent en secret à détourner les revenus à leur bénéfice. Ils sont à la fois prévaricateurs et voleurs ; ce sont des bandits. Quel châtiment des criminels de cette espèce méritent-ils ? C'est difficile à dire.

武士道

LES CHEFS DE LA GARDE ET SURINTENDANTS

Les samouraïs de rang inférieur en service sous les ordres des chefs de la garde et surintendants sont conscients qu'ils doivent prendre personnellement la responsabilité de l'humeur de leurs supérieurs et des qualités bonnes ou mauvaises de leur groupe. S'ils ont eux-mêmes la bonne fortune d'être promus chefs de groupe, ils doivent traiter correctement et avec compassion chaque membre de leur groupe tant qu'ils accompliront leurs devoirs officiels. Bien entendu, chacun comprend qu'il ne doit y avoir ni partialité ni favoritisme en aucune manière.

À mesure que les gens montent en grade jusqu'à celui de chef de la garde et surintendant, leur attitude change inévitablement. Ils étaient de bons guerriers quand leur rang était modeste, mais ils sont devenus déraisonnables quand ils sont parvenus à un grade supérieur, si bien qu'ils sont tombés en défaveur auprès de leur suzerain et sont morts. Je crois que ce sont des exemples utiles de ce qui peut arriver.

侍

LA PARESSE

Comme nous l'avons mentionné dans la première partie, pour le guerrier qui est au service d'un seigneur, la vie est là aujourd'hui, mais elle est incertaine demain. Par conséquent, il est conscient chaque jour que ce jour peut être le dernier qu'il aura à servir, il ne devient pas routinier et ne néglige aucun de ses devoirs. Accomplissant chaque tâche au jour le jour, il garde la tête froide, ne ferme les yeux sur rien et n'oublie rien.

À l'opposé, lorsque vous pensez que vous effectuerez toujours la même tâche, alors les problèmes commencent. Vous devenez routinier, et donc distrait et paresseux. Vous vous mettez à négliger même les affaires urgentes, pour ne rien dire des moins pressantes, en les remettant au lendemain ou en soutenant qu'elles sont déjà arrangées, ou encore en vous en déchargeant sur des collègues ou des sous-fifres. Personne ne prenant plus la peine de s'en occuper, les tâches s'accumulent dans le plus grand désordre. Ces erreurs proviennent du fait que vous comptez avoir du temps plus tard. Vous devez être plus avisé que cela.

Par exemple, si l'on vous a assigné de garde un certain nombre de jours par mois, ne manquez pas de reconnaître la route entre chez vous et votre poste, de calculer le temps qu'il vous est nécessaire pour vous y rendre et tâchez d'arriver un peu avant l'heure de la relève. Si vous lambinez en buvant votre thé, fumant du tabac ou bavardant en famille, et que vous sortez en retard de chez vous pour rejoindre le poste que vous devez occuper en toutes circonstances, vous êtes soudain obligé de vous hâter, et vous courez vers votre poste tout en sueur. Vous vous éventez même en hiver, et vous pouvez essayer d'en sourire en disant que vous êtes en retard parce que vous aviez une affaire un peu ennuyeuse à régler. Ce serait stupide. Le devoir de garde d'un guerrier est un devoir de sécurité ; personne ne devrait attirer l'attention sur soi par ses retards, quel que soit le motif personnel invoqué.

Maintenant, il y a ceux qui, comprenant cela très bien, arrivent toujours en avance à leur travail, mais s'agitent quand leurs collègues sont en retard, ne tiennent pas en place et bâillent d'ennui, répugnant à rester dans la demeure du gouverneur ne serait-ce qu'un moment tellement ils sont pressés de rentrer chez eux. C'est une attitude indigne qui est apparue récemment.

武士道

NÉGOCIER LES URGENCES

Quand au cours d'un voyage deux suzerains se rencontrent au gué d'une rivière, si leurs serviteurs se querellent et que cela tourne à l'affrontement, alors, selon les règles de l'époque, les suzerains en personne devront peut-être se combattre l'un l'autre. Or, si deux suzerains se battent en duel, point n'est besoin de dire comment cela finira.

Par conséquent, il est essentiel de bien comprendre que « les problèmes arrivent par le bas » et d'être prudent lorsque vous escortez votre seigneur en voyage. Vous ne devez pas seulement être vous-même en alerte, mais aussi prévenir vos collègues. Il est essentiel de s'assurer que tout le monde est sur ses gardes, même les plus subalternes, afin qu'ils ne commettent pas de bêtise.

En outre, lorsque vous escortez votre seigneur dans la capitale et que vous dépassez dans la rue l'entourage d'un autre suzerain, si les jeunes braves à la tête du cortège entrent en discussion et se querellent, réagissez au plus tôt, prenez au porteur d'armes la lance du suzerain et portez-la de son côté. Surveillez comment les choses évoluent, et s'il semble que les querelleurs ne vont pas s'apaiser et que les samouraïs ont tous tiré leurs sabres, amenez la monture du suzerain près de son palanquin, aidez-le à y monter, dégainez sa lance et tendez-la-lui. Vous aussi, tirez votre sabre et tenez-vous prêt à agir.

Cependant, lorsque vous escortez votre seigneur à une réception, si quelque chose d'inopiné devait se produire au cours des festivités et qu'il paraisse qu'une émeute se prépare, présentez-vous à l'entrée le sabre à la main et dites au préposé : « Je suis Untel, serviteur de Untel. Il me semble qu'il va y avoir une émeute ici, et je m'inquiète pour mon maître. Veuillez lui dire que je suis ici. »

Le préposé répondra peut-être : « Rien de grave n'est arrivé, mais votre inquiétude est légitime. Votre maître va bien, alors ne vous inquiétez pas et rassurez vos collègues. » Dans ce cas, dites d'abord votre joie, mais insistez pour qu'on fasse appeler votre maître afin que vous puissiez le voir de vos propres yeux avant de vous retirer.

侍 LA LIBERTÉ DE PAROLE

Comme guerrier en service, vous pouvez avoir accompli un travail si extraordinaire pour votre suzerain que vous sentez en votre cœur que vous avez bien travaillé ; les autres vous félicitent, mais le suzerain ne semble pas être touché outre mesure. Ou alors, même s'il l'est intérieurement, il semble conserver, en apparence, de la réserve, car aucune récompense particulière n'est à venir, et vos efforts paraissent avoir été faits en vain. Si vous vous sentez contrarié, maugréez sur l'ingratitude de votre suzerain et faites votre travail sans enthousiasme, vous n'adoptez pas la bonne attitude.

Les guerriers de l'époque Sengoku allaient au combat un nombre de fois incalculable au cours de leur vie et se sacrifiaient jusqu'à la mort pour leurs maîtres et commandants. Ils ne se vantaient de quoi que ce fût avant d'avoir atteint une grande célébrité par leurs exploits. Quant au service en temps de paix, il n'est question que de se bien vautrer sur les tatamis, se frotter les mains l'une contre l'autre et faire des duels de langue – rien ne vaut se battre pour sa vie.

Bien entendu, quand il s'agit d'avoir une attitude loyale et soumise, il n'y a aucune différence entre temps de guerre et temps de paix ; ce sont les obligations officielles d'un guerrier en service. Que cela mérite ou non une récompense particulière en tant que chose extraordinaire, seul le suzerain peut en décider – à vous d'être sûr d'accomplir votre devoir professionnel, et vous n'avez aucune raison d'exprimer du mécontentement.

武士道

MOURIR LOYALEMENT

DES GUERRIERS EN SERVICE sont tellement favorisés par leur suzerain qu'ils n'ont aucun moyen de s'acquitter de leur dette à son égard. Ils peuvent, à tout le moins, vouloir le suivre dans la mort en se suicidant au moment de son décès, mais cette pratique n'est plus légale. Néanmoins, c'est une humiliation pour eux de passer leur vie entière à l'intérieur de l'établissement pour remplir des fonctions ordinaires.

Si une personne est déterminée à accomplir des services qui dépassent les capacités de ses collègues, même au prix de sa vie, c'est une chose dont le prix est cent fois supérieur au fait de suivre le suzerain dans la mort. Ce n'est pas seulement bon pour le suzerain, c'est également une aide à tous les gens de l'établissement, grands et petits. Un tel guerrier est du rang le plus haut, il rassemble tout ce qui est un exemple pour les guerriers d'aujourd'hui : la loyauté, le devoir et le courage.

La maison d'une personne de haute extraction est invariablement hantée par un fantôme vengeur. Ce fantôme vengeur cause des difficultés de deux sortes.

En premier lieu, c'est la mort prématurée, par accident ou par maladie, d'un jeune guerrier, digne d'éloges et plein d'avenir, d'une des maisons des doyens et anciens héréditaires de l'établissement, qui possède les trois vertus guerrières : loyauté, devoir et courage, et qui était certain d'entrer au service du suzerain et d'apporter un bénéfice durable à la maison. C'est une chose dommageable pour le suzerain.

On pourra citer comme exemple de cela le cas d'un grand commandant qui mourut jeune en tombant de cheval. On imputa sa mort à l'œuvre d'un esprit vengeur qui hantait depuis longtemps la maison de son maître.

La seconde manière par laquelle un esprit vengeur cause des problèmes, c'est en s'emparant de l'esprit d'un guerrier qui est particulièrement apprécié par le suzerain, et induit alors ce dernier en erreur et l'entraîne à mal agir.

Par ailleurs, on compte généralement six manières par lesquelles un guerrier appartenant à la suite du suzerain peut induire en erreur ce dernier.

Une manière est de pousser à boucher les oreilles et les yeux du suzerain, de sorte que ni les autres officiers ni personne ne puissent faire entendre leurs opinions, ou, même s'ils y parviennent, ils les transmettent d'une telle façon que le suzerain ne les prendra pas au sérieux. Ainsi, toutes les affaires de l'établissement, grandes ou petites, ne passent que par cet homme seul, le rendant indispensable aux yeux de son seigneur.

La deuxième manière pour un guerrier d'induire son suzerain en erreur est de s'arranger pour faire transférer tous les guerriers autour de l'établissement qui paraissent avoir du tempérament et qui pourraient apporter quelque aide au suzerain. En les éloignant de lui, le guerrier possédé installe ses propres relations dans les charges proches du seigneur, sycophantes et flagorneurs qui feront ce qu'il leur dit, dans le but que le seigneur n'entende jamais parler de son enrichissement personnel.

La troisième manière pour un guerrier d'induire son seigneur en erreur est de captiver son esprit avec les femmes, en arguant que cela est bon pour les alliances et que rien n'est plus important que d'avoir des successeurs. Le samouraï possédé rassemble des jeunes filles, sans se soucier de leur milieu familial si elles sont jolies, ainsi que des musiciens et des danseurs, et persuade le suzerain qu'il a besoin de se reposer et de se divertir. Même un seigneur naturellement intelligent se laisse facilement séduire par les choses de l'amour, pour ne rien dire d'un seigneur perverti. Bientôt il devient imprudent et trouve qu'il est plaisant de s'amuser. Peu à peu, inévitablement, cela s'intensifie, jusqu'à ce que, finalement, le suzerain bamboche jour et nuit, toujours dans son sérail au point de négliger les affaires de sa maison et de son domaine. Si les autres doyens et aînés de l'établissement demandent à le voir, il les éconduit et abandonne tout au samouraï possédé. Comme cet homme tient les rênes, son pouvoir croît de jour en jour, à telle enseigne que les autres doyens et aînés de l'établissement tombent dans l'oubli. Ainsi, la gestion de l'établissement se corrompt par toutes sortes de manières.

La quatrième manière pour un guerrier d'induire son seigneur en erreur se présente lorsque de nombreux frais sont encourus secrètement sous les conditions antérieures, jusqu'au point où il n'y a plus de moyens de les rembourser, si bien que de nouvelles règles sont instaurées, contraires à celles des générations précédentes. C'est le moment où le samouraï possédé intervient pour refuser ce qui leur est dû aux membres de l'établissement, sans reconnaître les souffrances endurées par ceux qui sont leurs inférieurs. Pendant ce temps, puisque le seigneur dépense tout ce qu'il veut pour le luxe, même s'ils ne s'en ouvrent pas directement, tous les officiers de l'établissement, grands et petits, sont mécontents dans leur cœur, si bien qu'aucun d'eux n'est plus vraiment loyal et soumis.

La cinquième manière pour un guerrier d'induire son seigneur en erreur se présente lorsque lui-même, pendant les périodes propices de paix comme aujourd'hui, ne se soucie guère d'arts martiaux ; alors, bien qu'il ne puisse y avoir de seigneur ignorant tout des arts martiaux, il convainc le seigneur que les préparations militaires sont inutiles. Ceux parmi le personnel de l'établissement qui ne sont pas formés approuvent cette décision et ne pratiquent pas les arts martiaux, mais ne s'équipent pas moins d'armure et d'armes. Puisqu'ils se sont accoutumés à croire que tout va bien tant que les besoins immédiats sont satisfaits, leur établissement ne ressemble en rien à une maison issue d'une lignée de généraux célèbres. Si quelque incident doit se produire le lendemain, ils ne pourront que courir de droite et de gauche, pris de panique, parfaitement inefficaces, et indignes de confiance.

La sixième manière pour un guerrier d'induire son seigneur en erreur se présente lorsque le suzerain se livre aux plaisirs, à la boisson et à la débauche. Plus il s'abandonne à ces vices, au point même de ruiner sa santé, plus les guerriers de l'établissement tombent dans l'abattement et vivent chaque jour comme il vient, sans la moindre sincérité réelle. Aussi les affaires publiques et les décrets du gouvernement central ne sont-ils pas pris en compte comme ils devraient l'être. À la fin, la position du suzerain peut en souffrir, et cela serait un grand malheur.

Par ailleurs, même si l'ensemble de l'établissement exècre le guerrier en question, qui falsifie les impôts, et le dénonce comme un démon dans la maison et un ennemi du suzerain, neuf personnes sur dix témoignant de ses iniquités, ne voyant d'autre choix que de porter l'affaire en justice et de plaider leur cas oralement sans se salir les mains, le problème ne sera sûrement pas résolu en privé. Le gouvernement central pourrait alors mener une enquête dans l'ensemble de l'organisation du suzerain et, si les choses empiraient, cela pourrait devenir un scandale public et un prétexte à une intervention du gouvernement.

À travers l'Histoire, on n'a jamais eu d'exemple dans lequel un baron incapable de diriger son établissement vît son problème résolu et conservât sa position en ayant recours au gouvernement central. C'est la métaphore du bœuf tué pour redresser ses cornes, ou du temple brûlé pour attraper une souris : quand le suzerain perd sa position, tous les gens de l'établissement, grands et petits, se trouvent privés de leurs droits.

Dans ce cas, il paraît tout à fait logique de capturer le traître, ce démon de la maison, cet ennemi du suzerain, et de le supprimer comme bon vous semblera – en lui passant votre sabre à travers le corps ou en lui tranchant la tête. Ensuite, quand cela est fait d'une manière qui vous satisfait, donnez-vous la mort immédiatement en vous ouvrant le ventre. Alors, aucune enquête du gouvernement ne sera requise, et la position de votre suzerain sera préservée. Ainsi, le personnel de l'établissement sera à l'abri et le pays en paix.

De cette façon, vous serez un modèle pour les guerriers qui vous suivront – loyal, soumis et brave –, cent fois plus exemplaire que celui qui se tue pour suivre son suzerain dans la mort.

侍

LE RAFFINEMENT

Bien qu'il soit évident qu'une attitude de rigueur et de force est de première importance dans la voie du guerrier, si vous n'avez que la force vous aurez l'air d'un paysan devenu samouraï, et cela ne saurait suffire. Il va de soi que vous devez vous éduquer, et il est souhaitable que, peu à peu, à vos moments perdus, vous acquériez des connaissances dans des domaines comme la poésie et la cérémonie du thé.

Si vous êtes sans éducation, vous n'aurez aucune chance de comprendre les tenants et les aboutissants des choses passées et présentes. Alors, peu importe que vous soyez intelligent ou rusé, dans la pratique des événements présents vous rencontrerez de nombreux obstacles.

Si vous avez une connaissance même grossière des pays étrangers et du Japon, et que vous considériez attentivement des éléments tels que le temps, le lieu et le rang de façon à traiter les choses d'une manière appropriée, vous ne commettrez que peu d'erreurs. C'est pourquoi je dis qu'acquérir de l'éducation devrait aller de soi.

Toutefois, si votre attitude vis-à-vis de l'instruction est mauvaise, cela devient généralement de la vanité. Vous regardez avec condescendance ceux qui sont sans éducation et illettrés, et, par-dessus le marché, vous avez un parti pris favorable pour les choses exotiques. Vous croyez que tout ce qui vient de l'étranger est bon, affirmez à l'envi vos préventions, et vous ne savez pas admettre que telles choses, même bonnes en théorie, sont inadaptées à notre pays aujourd'hui. C'est une situation terriblement embarrassante.

Or, concernant l'étude de la poésie, on voit à travers l'Histoire, selon la tradition du Japon, que des généraux et des guerriers valeureux maîtrisèrent l'art de la composition poétique. Aussi, même si vous êtes un guerrier de rang inférieur, il est souhaitable que vous vous occupiez de poésie et que vous soyez même capable d'écrire des vers de circonstances.

Toutefois, si vous laissez tout de côté pour vous adonner exclusivement à la poésie, avant que vous ayez le temps de vous en apercevoir votre cœur et votre visage s'amolliront, vous aurez perdu les mœurs guerrières pour prendre l'air d'un samouraï aristocratique. En particulier, si vous devenez un adepte de cette vogue moderne du *haïkaï*, alors même dans les assemblées de collègues vous serez tenté de vous distinguer par des calembours, des bons mots et des saillies. Cela pourra être amusant sur le moment, mais c'est une chose qu'un guerrier doit éviter.

Concernant la cérémonie du thé, c'est un divertissement de guerrier depuis l'époque des shôguns de Kyôto ; aussi, même si vous-même n'y portez aucun intérêt particulier, il peut arriver que vous deviez y participer comme invité dans la maison de quelqu'un, ou comme escorte d'un noble de haut rang. Dans ces occasions, vous devez connaître toutes sortes de choses, telles que la manière de vous présenter à la salle de thé, d'y entrer, d'en admirer le décor, comment manger et comment déguster le thé. Vous devez donc avoir quelque connaissance de la cérémonie du thé.

En outre, concernant la salle de thé, l'important est d'apprécier un lieu de détachement et de sérénité, loin de l'opulence du monde, des questions de rang et de gloire. Aussi, peu importe la richesse de vos hôtes, peu importe qu'ils soient des fonctionnaires du gouvernement central, leur jardin imite un paysage de montagnes, avec forêt, torrent et vallée. Il est fondamental que le décor soit d'un dépouillement austère, composé de chevrons de bambou, de piliers portant encore l'écorce, d'un avant-toit de chaume, de fenêtres à lattes apparentes, de stores de bambou, de portes grossières, de portails d'enceinte en branches entrelacées.

Les meubles et les ustensiles de thé ne doivent pas être beaux ; c'est le mépris du monde matériel et le goût pour la pureté et ce qui est naturel qui sont essentiels. En cela, on peut sans doute voir dans la cérémonie du thé un moyen d'adoucir la voie du guerrier.

Ainsi, si vous préparez un lieu pour le thé, il est conseillé que celui-ci soit simple et austère, avec des ornements de mur modernes et des ustensiles de fabrication récente.

Cependant, en toute chose l'éclairage devient facilement trop intense. Sans vous en apercevoir, vous pouvez développer le goût du luxe ; voyant quelqu'un avec une belle bouilloire à thé, vous devenez mécontent de la vôtre. La même chose se produit aussi avec tous les autres ustensiles de thé, et peu à peu vous désirez en avoir de plus beaux. Bientôt, vous cherchez de bonnes occasions, apprenez à estimer les ustensiles anciens et à vous en procurer de bonne qualité à bas prix. Découvrant un objet qui vous plaît chez quelqu'un, vous lui demanderez de vous le céder. Et si vous en vendez, vous faites de votre mieux pour que la négociation se conclue à votre avantage. Votre attitude devient celle d'un commerçant qui aborde toutes choses en termes de commerce, et vous perdez alors l'esprit de chevalerie au sens de la voie du guerrier pour devenir une personne peu recommandable.

Plutôt que de devenir un fanatique de cette espèce, mieux vaut ignorer tout de la cérémonie du thé. Tout ignare que vous serez, ne sachant même pas boire correctement du thé ordinaire, vous ne vous détournerez pas de la voie du guerrier.

TABLE

Deuxième partie

Troisième partie

CET OUVRAGE A ÉTÉ ACHEVÉ D'IMPRIMER
PAR L'IMPRIMERIE FLOCH À MAYENNE
EN DÉCEMBRE 2000

Éditions du Rocher
28, rue Comte-Félix-Gastaldi
Monaco

Dépôt légal : décembre 2000.
N° d'édition : CNE section commerce et industrie
Monaco : 19023.
N° d'impression : 50277.

Imprimé en France